JAPAN

spielend in 60 Schritten

Für alle, die sich in Japan

ins Abenteuer stürzen wollen

Axel Schwab

JAPAN

spielend in 60 Schritten

Der kompakte und fundierte
Reiseratgeber mit Profi-Tipps

München & Tokyo

2019

Bibliografische Information der Deutschen Nationalbibliothek:
Die Deutsche Nationalbibliothek verzeichnet diese Publikation in der Deutschen Nationalbibliografie; detaillierte bibliografische Daten sind im Internet über *http://dnb.dnb.de* abrufbar.

Illustrationen, Texte und Layout: **Axel Schwab**
Einbanddesign: **Simon Marchner**

2. Auflage, 2019

Herstellung und Verlag:
BoD – Books on Demand, Norderstedt

ISBN: 978-3-7460-7860-1

Inhaltsverzeichnis

Vorwort

Vor über 25 Jahren kam ich zum ersten Mal als Student nach Japan und arbeitete später fünf Jahre als Ingenieur in Tokyo. Seither lässt mich dieses Land nicht mehr los und ich bereise es jedes Jahr. Meine Erfahrungen und Erlebnisse möchte ich in diesem Buch mit Ihnen teilen, um Ihnen ein perfektes Reiseerlebnis zu ermöglichen. Dabei spielt es keine Rolle, ob Sie noch nie in Japan waren oder es zum wiederholten Male besuchen.
Sie müssen weder die Sprache lernen noch jede kulturelle Eigenheit der Japaner genau kennen. An manchen Stellen gebe ich japanische Schriftzeichen an, damit Sie den japanischen Alltag besser bewältigen können. Alle Inhalte habe ich in 60 Schritte eingeteilt, die mit steigendem Level schwieriger werden. In den letzten beiden Leveln möchte ich Sie zu Dingen motivieren, die Sie ohne diese Anleitung vielleicht nicht wagen würden. So werde ich Ihnen zeigen, wie Sie eine Karaoke-Maschine bedienen, ein Love Hotel besuchen oder Ihren ganz persönlichen Namensstempel bestellen können.
Ich fokussiere mich auf reiserelevante Informationen und auf solche, mit denen Sie Geld sparen. Dinge, die zwar in jedem Reiseführer stehen, die Sie aber schnell selbst herausfinden, lasse ich hingegen weg. Kurzlinks ersparen Ihnen das Eintippen von Internetadressen, beachten Sie die Hinweise am Ende des Buchs.
Viel Spaß bei der Vorbereitung und während Ihrer Japanreise!

Axel Schwab, April 2019

Maiko-Level

Wie eine **Maiko** (舞妓) am Anfang ihrer Ausbildung zur Geisha stehen auch Sie auf der ersten Stufe einer anstehenden Japanreise. Ein guter Plan und eine fundierte Vorbereitung sind wichtig, damit Sie unbeschwert in den japanischen Alltag eintauchen können.

Reisezeit planen 季節

Jede Reiseplanung beginnt mit der Frage, wann die Reise sein soll. Wer zum ersten Mal nach Japan fliegt, schlägt einen Reiseführer auf und liest dort: »Frühling und Herbst sind die beste Reisezeit für Japan.« Da ich über fünf Jahre dort lebte, kann ich verraten: Das Land ist zu jeder Zeit schön zu bereisen, es kommt eben immer darauf an, was man unternehmen möchte. Ich persönlich meide nur den Zeitraum zwischen Juni und September. Im **Juni** regnet es häufig, **Juli** und **August** sind mir zu heiß, und auch im **September** gibt es viele Taifune mit starkem Regen. Falls Sie aber den Berg Fuji besteigen oder die Atmosphäre eines Sommerfestes mit prächtigem Feuerwerk genießen möchten oder nur in den Sommerferien verreisen können, dann lassen Sie sich davon nicht abschrecken. Meine Abneigung gegen den japanischen **Sommer** kommt aus einer Zeit, als ich mit Krawatte und Anzug ins Büro musste. Bei über 30 °C mit 90 % Luftfeuchte ist der Wechsel zwischen draußen und klimatisierten Räumen kein Spaß.

Wer beim ersten Besuch die legendäre **Kirschblüte** erleben will, der bereist Japan im **Frühjahr,** sollte aber beachten, dass viele in dieser Zeit reisen. Die Preise bei Hotels und Flügen sind etwas höher, spätestens im Oktober oder November des Vorjahrs sollten Sie buchen. Doch wann genau im Frühjahr ist die beste Zeit, um die Kirschblüte in Japan zu erleben? Die Kirschblüte wandert langsam mit den steigenden Temperaturen vom Süden nach Norden, wobei die naturverliebten Japaner diese Wanderung in den Abendnachrichten mit einem Außenreporter live übertragen. Wenn ich zur Kirschblüte z. B. nach Tokyo reise, dann fliege ich bereits in der vorletzten Märzwoche und bleibe mindestens vier Wochen bis Mitte April. Damit habe ich die Garantie, die Kirschblüte über den kompletten Zyklus zu erleben: von der

Öffnung der Blüte zur vollen Blüte bis hin zum Abfallen der Blüte. Dies dauert circa zwei Wochen, doch wetterbedingt kann sich der Beginn mal um eine Woche nach vorne oder hinten verschieben. Nun hat nicht jeder so viel Urlaub und man bleibt üblicherweise nicht die ganze Zeit am selben Ort. Legen Sie Ihren Besuch daher am besten um den Termin der vollen Blüte. Diese wäre in Tokyo um den 3. April und in Kyoto zwei Tage später. In Fukuoka wird die volle Blüte zwei Tage vor Tokyo erreicht, während in Hokkaidō der Höhepunkt Anfang Mai ist.

Der **Herbst** lockt mit der **Laubverfärbung** und milden Temperaturen. Beachten Sie, dass der Höhepunkt der Herbstlaubfärbung in Tokyo erst Ende November / Anfang Dezember ist. Je weiter man in die Berge in kühlere Gefilde geht, umso früher setzt sie ein. So habe ich Mitte Oktober in Hachimantai (Präfektur Iwate) herrlich bunte Laubwälder gesehen, während mir in Nikko Ende Oktober gute Fotos gelangen.

Die **Wintermonate** haben ihren besonderen Reiz, so genieße ich gerne die ruhige Zeit zum Jahreswechsel im Dezember und Januar. In Tokyo gibt es dann viele klare Sonnentage, an denen der schneebedeckte Fuji-san zu sehen ist, der sich sonst gerne in Nebel und Wolken hüllt. Beachten Sie, dass viele Museen und Geschäfte vom 29. Dezember bis 3. Januar geschlossen haben. Zum Jahresanfang ist an allen Shintō-Schreinen viel Betrieb.

*www.gomap.de/**rizt***

#Tipp: Die Hauptreisezeiten der Japaner sind während der **Golden Week** vom 29. April bis 5. Mai und zu **Obon** Mitte August. Versuchen Sie, diese Zeiten zum Herumreisen in Japan möglichst zu vermeiden.

Reise buchen 予約

Der Zeitplan für die Reise steht und es stellt sich die Frage: Pauschalreise oder individuelle Reiseplanung? Das hängt von Ihren persönlichen Vorlieben ab. Wenn Sie das erste Mal nach Japan reisen und sich um keine Details kümmern möchten, dann bietet die von einem Veranstalter organisierte Rundreise natürlich viele Vorteile. Sind Ihnen Gruppenreisen generell zuwider und Sie möchten die Reise nach Ihren eigenen Wünschen planen oder vor Ort flexibel sein? Dann buchen Sie alles selbst oder lassen sich von einem Reisebüro oder -veranstalter die Reise individuell zusammenstellen. Ich organisiere mir immer alles selbst und kann Ihnen daher einige Ratschläge zur **Hotel**- und **Flugbuchung** geben; die Themen Japan Rail Pass und Mietwagen folgen später.

Für **Hotelbuchungen** haben wohl viele ein bevorzugtes deutsches oder internationales Buchungsportal, das günstigste Preise garantiert. Leider fehlen dort oft viele japanische Hotels oder es werden einige Tarife überhaupt nicht angeboten. Bei einem Hotel in Miyajima bot mir das deutsche Buchungsportal nur Halbpension zum Preis von 25.000¥ an, das internationale dagegen auch Übernachtung mit Frühstück für 10.000¥. Gebucht habe ich das gleiche Zimmer mit Frühstück dann für nur 8.100¥ beim Buchungsportal **Agoda.**

Agoda ist eine bei Asiaten beliebte Online-Buchungsplattform, daher auch die größere Auswahl an Hotels in Japan. Das Unternehmen hat seinen Sitz in Singapur, gehört aber zu einer amerikanischen Touristikgruppe, der auch Booking.com, Kayak und OpenTable gehören. Wo ist der Haken und wie kann es sein, dass ein Hotel fast 20% billiger angeboten wird?

Bei identischen Stornobedingungen liegt der Unterschied in den Zahlungsmodalitäten, denn Sie zahlen bei den günstigeren Angeboten nicht in der Unterkunft, sondern per Kreditkarte an Agoda fünf Tage vor Anreise. Das hat bei mir immer ohne Probleme funktioniert mit nur einer Ausnahme für ein Hotel in Niigata vor einigen Jahren. Schuld war hier aber nicht Agoda, sondern meine Hausbank, die wegen eines Datenlecks alle Kreditkarten sperrte und neue an die Heimatadresse schickte, wenig hilfreich bei einem Japanaufenthalt. Weil ich innerhalb von 24 Stunden keine gültige Kreditkarten-Nummer liefern konnte, wurde die Reservierung von Agoda storniert. Wer auf Nummer sicher gehen will, kann sofort bei der Buchung die Kreditkarte belasten. Das kann sogar von Vorteil sein, wenn der Euro gegenüber dem Yen zum Buchungszeitpunkt stärker ist als bei der Reise. Die Buchungsbestätigung am besten gleich ausdrucken.
*www.gomap.de/**bchn***

#Tipp: Mindestens drei bis vier Monate vor Antritt der Reise empfehle ich die **Flugbuchung.** Falls man bezüglich des Wochentags flexibel ist, bekommt man vielleicht sogar einen der bequemen Direktflüge von **Lufthansa, ANA** oder **JAL** für 600–950 € in der Economy-Klasse und spart sich das lästige Umsteigen. Diese Direktflüge sind nach meiner eigenen Erfahrung fast immer – außer am 24. Dezember – voll besetzt, hoffen Sie also nicht durch Warten auf ein Last-Minute-Schnäppchen.
Zum Thema **Mietwagen** und **Führerschein** lesen Sie ab Seite 70 alle Details. Alles zum **Koffertransport** und Hinweise zum **Flughafentransfer** finden Sie ab Seite 86.

JR Pass bestellen ジャパンレールパス

Eine Frage, die Sie sich vor jeder Japanreise stellen sollten: Lohnt sich ein **Japan Rail Pass** (ジャパンレールパス) oder nicht? Generell kann man sagen, dass sich ein Japan Rail Pass nur dann nicht lohnt, wenn man lediglich eine längere Zugstrecke zwischen Tokyo und Kyoto plant und die beiden Fahrten mehr als sieben Tage auseinanderliegen. Erfolgen aber beide Fahrten innerhalb von sieben Tagen und benutzt man den Pass noch für einige Kurzstrecken, dann hat sich dessen Kauf bereits gelohnt. Außerdem rechnet sich ein Japan Rail Pass meist dann nicht, wenn Sie nur in Tokyo, Osaka oder einer anderen Großstadt sind und lediglich ein bis zwei kürzere Ausflüge in die nähere Umgebung planen. In allen anderen Fällen lohnt sich der Japan Rail Pass schon bei wenigen Reisen mit dem Schnellzug. Bei einer Reise zur Kirschblütenzeit fahre ich gerne von Tokyo aus für ein paar Tage nach Hiroshima, Miyajima, Himeji und Osaka. Alleine die Einzelfahrkarten für den Shinkansen kosten zusammen knapp 480 €, der Japan Rail Pass für sieben Tage dagegen weniger als die Hälfte, bringt mir also eine große Einsparung.
Den Japan Rail Pass gibt es für 7, 14 oder 21 Tage, damit lassen sich fast alle Züge der JR in Japan nutzen. Einzige Ausnahme sind die **Shinkansen-Schnellzüge** *Nozomi* und *Mizuho,* stattdessen fahren Sie mit den Shinkansen *Hikari* oder *Kodama* auf der gleichen Strecke etwas langsamer, aber schließlich sind Sie ja im Urlaub. Ein *Hikari* benötigt von Tokyo nach Kyoto lediglich 20 Minuten mehr als ein *Nozomi,* bei meiner längeren Reise von Tokyo nach Hiroshima benötige ich statt vier Stunden nur eine halbe Stunde länger. Zusätzlich muss ich in Shin-Kobe umsteigen, die Umstiegszeit beträgt nur neun Minuten.

Das könnte bei der Deutschen Bahn schiefgehen, doch in Japan fahren die Züge immer pünktlich, die durchschnittliche Verspätung der Shinkansen-Züge beträgt nur 30 Sekunden. Bei dieser Statistik werden auch Verspätungen durch Naturereignisse wie Taifune, Schnee und Erdbeben berücksichtigt. Bei der Deutschen Bahn zählen übrigens alle Züge mit weniger als fünf Minuten Verspätung noch als pünktlich.
Den **Gutschein** für den **Japan Rail Pass** kauft man außerhalb von Japan. Dieser hat eine Gültigkeit von lediglich drei Monaten, also dürfen Sie ihn nicht zu früh kaufen (falls Sie Ihre Reise nicht antreten, ist eine Erstattung für 15 % Stornogebühr möglich). Der Gutschein kann dann in Japan bei einer Umtauschstelle »**Japan Rail Pass Exchange Office**« gegen Vorlage des Reisepasses mit Touristenvisum eingetauscht werden. Die Umtauschstellen sind am Flughafen oder an großen Bahnhöfen. Dort geben Sie auch an, ab wann der Pass gelten soll, und machen gleich **Sitzplatzreservierungen** für bereits geplante Fahrten mit dem Shinkansen (am Flughafen keine Reservierungen).
Bis März 2020 gibt es für Touristen die Möglichkeit, den Japan Rail Pass zum 10 % höheren Preis in Japan zu kaufen. Wer sparen will, kauft den Pass wie oben beschrieben vor seiner Abreise.
*www.gomap.de/**jrps***

#Tipp: Falls Sie ganz genau wissen möchten, wie viel Sie mit dem Japan Rail Pass sparen, dann ermitteln Sie einfach auf der Website von **Hyperdia** die Preise der Einzeltickets. Dabei sollten Sie in den Suchparametern das Feld für die Zugtypen *Nozomi/Mizuho/Hayabusa* deaktivieren.

Karten für Japan nutzen 地図

Früher riet ich jedem Japanreisenden, der sich zum ersten Mal in den Großstadtdschungel von Tokyo oder Osaka stürzen wollte, dies nicht ohne eine detaillierte **Karte** ***chizu*** (地図) zu tun. Nachdem heute fast jeder ein Smartphone mit sich führt, reicht es aus, sich mit der richtigen **Karten-App** auszurüsten und damit vor Ort zum Ziel zu navigieren.

Falls Sie in Japan über einen mobilen Internetzugang verfügen (Tipps dazu siehe S. 20), dann können Sie ganz nach Geschmack und vorhandenem Gerät entweder **Google Maps** oder **Apple Maps** verwenden.

Eine japanische Adresse korrekt einzugeben ist manchmal schwierig, aber zum Glück gibt es eine einfache Methode: Verwenden Sie die Telefonnummer der Zieladresse. Egal ob Restaurant, Geschäft, Museum oder sogar öffentliche Parks, alle sind anhand der Telefonnummer zu finden. Vor Ort in Japan funktioniert das sowohl bei Google Maps als auch mit Apple Maps hervorragend. Eine Telefonnummer ist eindeutig und auch schneller eingegeben als eine komplizierte japanische Adresse, weshalb dieses Feature bei japanischen Navigationsgeräten schon seit vielen Jahrzehnten die bewährte Methode ist. Bei Mietwagen (S. 72) und meist auch bei Taxis (S. 64) klappt es gut mit Nummern, die im Telefonbuch stehen. Für Privatadressen und Airbnb-Unterkünfte können Sie sich nicht darauf verlassen. Wenn Sie dieses Feature bereits in Deutschland mit Google Maps ausprobieren möchten, sollten Sie beachten, dass es hier nur dann funktioniert, wenn Sie die Sprache auf Japanisch umstellen, außerdem muss die Zieladresse im Kartenausschnitt liegen. Geben Sie beispielsweise zunächst »Japan« ein und dann die Telefonnummer »03-3433-5111«, um den Tokyo Tower zu finden.

Wer zusätzliche Kosten für mobiles Internet scheut, kann für die geplanten Orte **Offline-Karten** herunterladen, was aber leider bei Google Maps in Japan aus Vertragsgründen generell nicht funktioniert. Eine gute Alternative ist die Karten-App **MAPS.ME**, die auf den Daten von **OpenStreetMap** basiert.
Planungsfreaks können schon zu Hause beispielsweise mit Google Maps alle geplanten Sehenswürdigkeiten und Routen in eigenen Karten speichern, bei Bedarf als KML-File exportieren, dann per E-Mail auf das Smartphone senden und dort mit der Offline-Karten-App MAPS.ME öffnen. Vor der Reise kann man sich mit der Software **Google Earth** einen sehr guten Eindruck verschaffen. Probieren Sie es doch mal mit meiner Karte um den Kaiserpalast (Tour 5 aus dem Buch **»Labyrinth Tokio«**). Der Karten-Link ist *www.gomap.de/**tkio***, dort klicken Sie auf die erweiterten Features (drei Punkte übereinander) und wählen »in KML/KMZ exportieren« aus. Dann setzen Sie den Haken bei »Als KML-Datei exportieren« und laden die Datei herunter. Wenn Sie Google Earth installiert haben, genügt ein Doppelklick auf die KML-Datei und Sie können in 3-D durch die Straßenschluchten um den Hauptbahnhof oder über den Kaiserpalast fliegen. Diese Online-Karten finden Sie für 20 der 38 Touren in meinem Tourenführer. Speichern Sie alle KML-Dateien der gewünschten Touren bereits zu Hause auf Ihrem Telefon ab und greifen über die Lesezeichen in MAPS.ME vor Ort darauf zu.
*www.gomap.de/**maps***

#Tipp: Sollten Sie in Japan mobiles Internet (S. 20) haben, empfehle ich Ihnen, **Google Maps** statt **MAPS.ME** zu nutzen, weil dort Darstellung und Lesbarkeit besser sind.

Smartphones vorbereiten アプリ

Neben der Karten-App brauchen Sie noch weitere Apps, um in Japan gut zurechtzukommen. Für die Verwendung öffentlicher Verkehrsmittel funktioniert natürlich auch Google Maps bei ständiger Onlineverbindung und beinhaltet sogar die Abfahrtszeiten der meisten Verkehrsmittel. Persönlich favorisiere ich jedoch andere **Apps** ***apuri*** **(アプリ)**, um Fahrten zu planen.

Die beste Offline-App nur für U-Bahnen in Tokyo ist **Tokyo Subway**, jedoch sind damit kombinierte Fahrten z. B. mit der Yamanote-Linie nicht möglich. Besser ist hier die App **City Rail Map**, die offline Metro-Karten und Routenplanung für viele Weltstädte bietet. Die erste Stadt ist gratis, wählen Sie daher zum Kennenlernen Kyoto, Osaka oder Tokyo aus. Wer mehr Städte benötigt, kann diese kostenpflichtig freischalten.

Insbesondere Nutzer eines JR Passes sollten sich unbedingt **Hyperdia** installieren, denn es bietet die meisten Features zur Planung von Kurz- und Langstrecken mit der Bahn. Hyperdia ist nur die ersten 30 Tage kostenlos, installieren Sie es daher erst kurz vor Abflug und machen sich für Ihre Reiseplanung bereits zu Hause mit der Web-Version vertraut. Da Hyperdia nur mit Online-Zugang funktioniert, können Sie Ihre Fahrten mit WLAN im Hotel planen und durch Screenshots sichern, falls Sie unterwegs über keinen Internetzugang verfügen. Die in Europa beliebte App **Citymapper** habe ich in Tokyo ausgiebig getestet, doch fand ich die vorgeschlagenen Routenführungen meistens schlecht und es waren keine Abfahrtszeiten hinterlegt, weshalb diese App in Japan keinen Vorteil bietet.

Von den zahlreichen Apps zur **Restaurantsuche** verwende ich lediglich die App des japanischen Marktführers **GuruNavi** gelegentlich. Bedenken Sie jedoch, dass Gurunavi – wie viele andere Services zur Restaurantsuche und -bewertung – sein Geld

fast ausschließlich mit Werbeeinnahmen der angezeigten Restaurants verdient und zahlende Restaurants besser platziert sind. Unabhängiger und mit vielen Kundenbewertungen und Fotos operiert **Tabelog** auf seiner japanischen Website, leider gibt es aber keine App. Die englische Version von Tabelog zeigt außerdem viel weniger Restaurants an.
Imiwa ist ein gutes und kostenloses Wörterbuch für das iPhone, damit schlagen Sie schnell vor Ort benötigte japanische Begriffe nach, falls Sie nach den richtigen Worten suchen. Die App belegt knapp 1 GB Speicher, dafür funktioniert sie auch offline. Für Android-Nutzer gibt es **Aedict.** Um in umgekehrter Richtung z. B. ein japanisches Hinweisschild oder eine Speisekarte rudimentär zu übersetzen, kann man **Google Übersetzer** verwenden. Neuerdings funktioniert die simultane Übersetzung des Kamerabildes von **Japanisch** auf **Englisch** sogar **offline.** Bei handgeschriebenen Speisekarten und einigen schwierigen Schriftzeichen versagt Google, hierfür gibt es die kostenpflichtige App **Yomiwa.** Mit etwas Glück erkennen Sie einige Begriffe auf einer sonst unlesbaren Speisekarte. Die App **VoiceTra** versteht viele Sprachen, man spricht ins Mikrofon, die Übersetzung wird angezeigt und lässt sich laut vorlesen. Der **Japan Hospital Guide** hilft, im Notfall Englisch sprechende Ärzte zu finden.
*www.gomap.de/**apps***

#Tipp: Vergessen Sie nicht einen **Reiseadapter** für Ladegeräte, Rasierer oder anderes, da in Japan die **Steckdosen** wie in den USA einen Stecker vom Typ A (Europa hat Typ C) verwenden. Die Spannung beträgt lediglich 100 V, aber damit kommen die meisten Geräte gut zurecht. Zur Not können Sie noch in Japan einen Adapter kaufen (Bic Camera, Daiso, etc.).

Mobil ins Internet gehen モバイル

Um in Japan mobil ins Internet zu kommen, gibt es insgesamt sechs verschiedene Möglichkeiten, die ich vor Ort testete.
Das **internationale Roaming** ist zwar die bequemste, gleichzeitig aber auch die teuerste Variante von allen.
Wenn ich früher in Tokyo unterwegs war, verließ ich mich anfangs auf **kostenloses WLAN** in Cafés und Bahnhöfen. So hat z. B. Starbucks ein sehr dichtes Netz an Filialen und nach einmaliger Registrierung kann man das WLAN in allen nutzen. Die genaue Beschreibung findet man auf der Website von Starbucks Japan und ich empfehle, sich bereits zu Hause, spätestens aber im Hotel in Japan, zu registrieren, da man dafür Internet benötigt. Natürlich bietet heute fast jedes Café und Restaurant kostenloses WLAN, fragen Sie einfach beim Personal nach, ob sie WLAN haben: »*Wi-Fi arimasu ka?*« und Ihnen wird sicher geholfen. Sehr hilfreich ist die App **Japan Connected-free Wi-Fi,** die einem die jeweilige neue Registrierung an WLAN-Hotspots in 24h-Läden (S. 56), Bahnhöfen und anderen Orten abnimmt. Eindeutiger Nachteil beim kostenlosen WLAN: Immer genau dann, wenn man es dringend braucht, geht es nicht oder ist so langsam, dass man gerade seinen Zug verpasst.
Das **kostenpflichtige WLAN** z. B. von Docomo ist zwar recht günstig und oft auch schneller als das kostenlose WLAN, das Problem der fehlenden Abdeckung löst es aber nicht.
2013 bis 2015 benutzte ich bei meinen jährlichen Japanbesuchen eine **Miet-SIM** von Softbank. Die Bestellung erledigt man im Internet und holt die SIM dann am Schalter von Softbank am Flughafen ab. Man zahlt dafür eine geringe Tagesgebühr und eine einmalige Verwaltungsgebühr.

Falls man dann Internet benutzt, kommen pro Nutzungstag allerdings noch recht hohe Gebühren dazu. Das wird auf Dauer recht teuer, deshalb habe ich die Datennutzung über das Telefon nur im Notfall eingeschaltet und weiterhin – soweit verfügbar – die kostenlosen WLAN-Hotspots benutzt. Ein großer Vorteil bei solchen Miet-SIMs ist, dass man natürlich wesentlich günstiger telefonieren kann und bei Anrufen aus Deutschland selbst keine teuren Roaming-Gebühren zahlt.
Günstiger kommt man mit einer **Prepaid-SIM** ins Internet, diese eignet sich nur für die Datennutzung, nicht zum Telefonieren. Natürlich funktioniert diese nur, falls Ihr Telefon kein SIM-Lock hat. Eine große Auswahl dieser Prepaid-Daten-SIMs findet man vor Ort in Japan. Letztes Jahr kaufte ich mir am Flughafen eine »Visitor SIM« von B-mobile und zahlte dafür nur 3.480¥ für 5 GB, die innerhalb von 21 Tagen genutzt werden konnten.
*www.gomap.de/**wlan***

#Tipp: Wer mit mehreren Personen gleichzeitig unterwegs ist, für den ist ein **mobiler Wi-Fi-Router** die richtige Lösung. Hierbei erhält man ein »**Pocket Wi-Fi**« so groß wie eine Zigarettenschachtel. Dieses wählt sich ins Mobilfunknetz ein und stellt in der Umgebung einen WLAN-Hotspot bereit. Damit können sich dann alle Geräte verbinden. Im Internet gibt es mehrere Anbieter für Wi-Fi-Router, empfohlene Dienstleister finden Sie über den oben abgedruckten Link. Der einfachste Weg ist, sich das Gerät direkt ins erste Hotel schicken zu lassen und es vor dem Rückflug im vorbereiteten Rücksendekuvert in den Briefkasten am Flughafen zu werfen.

Packliste erstellen 荷物

Lange bevor ich mich auf meine Reisen mache, erstelle ich eine Packliste mit **Excel,** Sie können auch jede andere **Tabellenkalkulation** dafür verwenden. Der Vorteil einer solchen Packliste ist, dass man nicht erst am Tag vor der Abreise merkt, dass der Koffer viel zu schwer wird oder man vielleicht noch eine **leichte Regenjacke** oder **Schuhe** benötigt. Falls man noch etwas Puffer zum maximal zulässigen Gewicht hat, kann man noch einige Geschenke kaufen (S. 24). Bei einer zweiwöchigen Reise braucht man wohl eher nicht einzuplanen, **Wäsche** zu waschen. Bei drei bis vier Wochen lohnt es sich aber auf jeden Fall und Sie müssen im Reiseablauf berücksichtigen, wo und wann Sie einen Teil der Wäsche reinigen (S. 102). Entsprechend braucht man weniger in die Packliste eintragen. Meine Packliste enthält folgende Spalten: Anzahl, Bezeichnung, Einzelgewicht und Gesamtgewicht.
Vergessen Sie nicht, den Koffer leer zu wiegen und mit in die Packliste einzutragen. Außer für den großen Koffer mache ich auch eine Liste für das Handgepäck, bei Bedarf kann ich dann vor dem eigentlichen Packen Gegenstände zwischen Hand- und Aufgabegepäck jonglieren, bis das Gewicht passt. An folgende wichtige Dinge für Japan sollten Sie bei Ihrer Packliste denken: Im Winter sind warme **Wollsocken** insbesondere dann sehr angenehm, wenn Sie in einem traditionellen Gästehaus ***ryokan*** (S. 46) übernachten oder einige Tempel besichtigen möchten. Achten Sie darauf, dass die Socken keine Löcher haben, weil Sie die Schuhe am Eingang ausziehen müssen. **Schuhe,** die sich leicht aus- und wieder anziehen lassen, sind daher immer von Vorteil. Falls Sie im Zeitraum **Juni–September** nach Japan reisen, sollte unbedingt eine hochwertige, atmungsaktive **Regenjacke** mit Kapuze auf die Packliste.

Insbesondere wenn Sie bei einem Taifun draußen sind, hilft Ihnen kein Regenschirm mehr, um trocken zu bleiben. Generell sind wegen der hohen Luftfeuchtigkeit im Sommer Funktionstextilien im Vergleich zu reiner Baumwolle vorteilhaft. Tokyo liegt übrigens auf der gleichen Breite wie Malta. Vergessen Sie also auch bei einem Stadturlaub nicht die Sonnencreme, selbst im Frühjahr und Herbst hat man schnell einen Sonnenbrand im Gesicht, wenn man den ganzen Tag draußen ist. Eine Kopfbedeckung ist im Sommer zu empfehlen.

In Japan ist die Bezahlung mit **Bargeld** noch sehr verbreitet, Kreditkarten werden oft nicht akzeptiert. Es ist daher ratsam, schon etwas Bargeld für die ersten Tage dabeizuhaben, die Einfuhrgrenze beträgt 1 Mio. Yen, das sollte also kein Problem sein. Wer sparen will, kann sich natürlich auch gleich bei der Ankunft am Flughafen mit seiner Kreditkarte Bargeld aus dem Geldautomaten ziehen. Der Umrechnungskurs am Automaten ist immer besser als der Bezug von Yen in Deutschland oder der Bargeldumtausch vor Ort. In Japan kommen Sie über die **ATMs** der **Post** oder **7-Eleven** (S. 56) an Bargeld, die zusätzliche Gebühr von 108 ¥ (216 ¥ ab 20.000 ¥) ist moderat.

#Tipp: Früher habe ich mir durch die trockene Luft im Flugzeug während des langen Flugs meistens eine Erkältung eingefangen. Seit ich ein einfaches **Nasenspray** mit Meerwasser benutze, bleibe ich davon verschont. Wer eher Probleme mit trockenen Augen bekommt, packt gleich noch **Augentropfen** ins Handgepäck. Japanprofis im Flugzeug erkennt man übrigens daran, dass sie sich nach Start der Schuhe entledigen und in **dicke Socken** oder mitgebrachte **Hausschuhe** schlüpfen.

Geschenke kaufen おみやげ

Die Kultur der **Mitbringsel** ***omiyage*** (おみやげ) ist in Japan sehr verbreitet, und seit meiner Zeit in Japan habe ich diese Angewohnheit übernommen. Von jeder Reise – auch innerhalb Japans – bringen Japaner üblicherweise ihrer Familie, Freunden und Kollegen eine regionale Spezialität mit. Im Büro in Japan gab es daher immer leckere Kekse, kleine Küchlein oder **salzige Reiskräcker** ***osenbei*** (煎餅) zum Kaffee. Für viele Japaner ist diese soziale Verpflichtung auch eine unangenehme Last und man kauft immer etwas auf Reserve ein, falls man zu Hause merkt, dass man jemanden vergessen hat.
Wenn ich heute nach Japan fliege, habe ich immer einige kleine Gastgeschenke dabei. Falls Sie niemanden in Japan kennen und keine Geschäftspartner treffen, ist es nicht unbedingt notwendig, Geschenke mitzubringen. Aber für den Fall, dass Sie noch 1–2 kg im Koffer frei haben, rate ich Ihnen, ein paar Süßigkeiten einzupacken. Insbesondere wenn Sie planen, länger in einem kleinen familienbetriebenen Hotel oder Ryokan zu übernachten, oder vielleicht doch jemanden kennenlernen, sind Sie für alle Fälle gewappnet. Wenn Sie als Tourist irgendwo eine Kleinigkeit geschenkt bekommen, müssen Sie deswegen nicht gleich etwas zurückschenken. Andererseits: Wenn Ihnen Ihr Bauchgefühl sagt, dass Sie irgendwo große Umstände bereitet haben oder einen tollen Service bekamen, der weit über das hinausging, was Sie erwartet haben, können Sie sich so dafür bedanken, denn Trinkgeld ist in Japan nicht üblich (Ausnahme S. 65).
Was eignet sich nun besonders gut? Für Abreisen zwischen August und Januar bieten sich **Lebkuchen** dank guter Verfügbarkeit in jedem deutschen Supermarkt an. Im August und September besser keine Lebkuchen mit Schokoladenüberzug wählen, denn der könnte in Japan schmelzen.

Des Weiteren eignen sich Tee (eher ausgefallene Sorten, auf keinen Fall Grüntee) und Süßigkeiten von bekannten Marken wie **Kinderschokolade, Lindt, Merci, Milka** und **Ricola** sehr gut. Kaufen Sie am besten Dinge, die Sie selbst gerne essen. Falls etwas übrig bleibt, können Sie es dann gegen Ende der Reise selbst essen und schaffen Platz für die in Japan gekauften Mitbringsel für Ihre Lieben zu Hause.
Falls Sie in Japan merken, dass Sie noch ein kleines Geschenk brauchen oder Sie plötzlich Heißhunger auf **Haribo-Gummibärchen, Ferrero Rocher** oder eine Tafel **Ritter Sport** bekommen, können Sie einige Dinge sogar noch in Japan kaufen, z. B. im FamilyMart (S. 56) im Erdgeschoss des Ebisu Garden Place in Tokyo, der einige Produkte aus Europa im Sortiment hat.
*www.gomap.de/**gsck***

#Tipp: Mein Geheimtipp, wie man Übergepäck vermeidet und trotzdem das Maximale an Souvenirs aus Japan mitbringt, ist folgender: Während meiner Reisen durch Japan versuche ich, bezüglich des Gewichts exakt die Menge einzukaufen, die ich zuvor an Mitbringseln mit nach Japan gebracht habe. Dabei kaufe ich in den lokalen Geschäften möglichst immer nur leichte Dinge wie z. B. Tee oder Reiskräcker.
Vor der Abreise gibt es an jedem Flughafen im Zollfreibereich noch die Gelegenheit, sich mit den eher schweren Dingen wie **Matcha Kitkat, süßen Reiskuchen** ***mochi*** (餅), **Sake** ***nihonshu*** (日本酒) und **japanischem Whisky** einzudecken und dieses als zusätzliches Handgepäck mitzunehmen. Einmal kaufte ich mir sogar einen Reiskocher für den 220-V-Betrieb.

Fahrscheine adieu 切符

Die Zeiten, als man für jede U-Bahn-Fahrt ein **Ticket *kippu*** (**切符**) am Automaten kaufte, sind glücklicherweise vorbei. Selbst wenn Sie nur kurz in Japan sind, lohnt es sich, eine Prepaidkarte zu kaufen. Bei jeder Fahrt berühren Sie damit lediglich die dafür vorgesehene Fläche an den Sperren. Im Prinzip ist es egal, welche der Karten Sie kaufen, denn diese werden von den unterschiedlichen lokalen Betreibern gegenseitig anerkannt: **Suica** (JR East in Tokyo, Niigata und Sendai), **PASMO** (U-Bahn in Tokyo), **ICOCA** (JR West in Osaka, Kyoto und Kobe), **TOICA** (JR Central in Nagoya), **manaca** (U-Bahn in Nagoya), **PiTaPa** (Kansai), **Kitaca** (JR Hokkaidō), **SUGOCA** (JR Kyūshū), **nimoca** (Nishitetsu), **Hayakaken** (U-Bahn Fukuoka). Kaufen Sie vor der ersten Benutzung öffentlicher Verkehrsmittel die dort angebotene Karte. Für den Kauf benötigen Sie Bargeld. Sobald der Betrag auf der Karte aufgebraucht ist, lädt man diese an jedem beliebigen Automaten für Prepaidkarten wieder auf.

Die Karten (außer PiTaPa) funktionieren übrigens nicht nur für die öffentlichen Verkehrsmittel, sondern auch in Bahnhofsläden, neueren Getränkeautomaten und vielen 24h-Läden (S. 56).

Wenn man die Karte verliert, dann ist das Geld wie bei Bargeld auch weg. Um das zu vermeiden, gibt es die Möglichkeit, sich eine persönliche Karte ausstellen zu lassen, auf der der eigene Name aufgedruckt ist. Solch eine Karte kann man ersetzen lassen und bekommt den verbliebenen Geldbetrag zum Zeitpunkt der Kartensperre erstattet – es ist im grundehrlichen Japan eher unwahrscheinlich, dass ein Finder sofort den Betrag abräumt.

Achtung: Auch bei meinem letzten Test war es nicht möglich, eine personalisierte PASMO an neuen Automaten mit großem Display zu kaufen, an alten Automaten mit kleinerem Display funktioniert es immer.

PASMO
Suica

Wählen Sie »Purchase PASMO« und »Personal user PASMO«. Zunächst muss den Infos zur Verwendung persönlicher Daten zugestimmt werden, dann »Adult« wählen – Karten für Kinder kann man nur beim Schalterbeamten kaufen. Die Eingabe Ihres Namens darf nur 15 Buchstaben lang sein, kürzen Sie ihn also falls nötig ab. Schließlich muss man noch das Geschlecht, Geburtsdatum und eine Telefonnummer eingeben. Die Toucheingabe des Geburtsdatums ist gewöhnungsbedürftig, da man den Zugriff auf die Eingabefelder ganz oben über die Felder »Year«, »Month« und »Day« unten umschaltet. Falls Sie keine Telefonnummer in Japan haben, verwenden Sie einfach Ihre eigene Telefonnummer mit Vorwahl, aus Platzgründen aber ohne Ländervorwahl 49. Ganz am Schluss noch der »Privacy Policy« zustimmen und Ihre personalisierte PASMO wird ausgeworfen.
*www.gomap.de/**epay***

#Tipp: Sparfüchse kaufen in Tokyo die **PASMO** statt einer **Suica.** Beim Kauf wird ein Pfand von 500¥ abgezogen. Falls Sie die nächsten zehn Jahre nicht mehr nach Japan reisen, geben Sie die Karte vor der Abreise am Schalter zurück und lassen sich Restbetrag und Pfand erstatten. Dafür wird bei allen Karten außer PASMO eine Bearbeitungsgebühr von 220¥ abgezogen. Die Karten können immer nur bei dem Bahnbetreiber zurückgegeben werden, bei dem sie gekauft wurden. Ab September 2019 wird die **Welcome Suica** ohne Pfand und einer Gültigkeit von nur 28 Tagen an Flughäfen und großen Bahnhöfen verkauft. Wer Japan nur einmal besucht, behält die Karte dann als Andenken. Nutzer eines **iPhones 8** (oder neuer) können ihre Suica-Karte in **Apple Pay** einrichten. Das Aufladen geht mit Bargeld in jedem **24h-Laden** (S. 56) oder mit Kreditkarte direkt in Apple Pay.

Auf Japan einstimmen 日本

Jetzt ist Ihre Reise nach **Japan** ***Nippon*** (日本) geplant, Flüge und Hotels sind gebucht. Das Reisefieber steigt langsam in Ihnen, obwohl es noch viele Wochen bis zum ersehnten Urlaub sind. Warum also nicht schon jetzt in Deutschland auf die japanische Kultur einstimmen? Falls Sie zufällig im Einzugs-gebiet von **Berlin, Hamburg, Düsseldorf** oder **München** wohnen, ist das relativ einfach. Dort finden Sie eine sehr gute Auswahl an hervorragenden, authentischen Restaurants, Cafés und schönen Japanläden. Testen Sie also schon mal die **japanische Gastfreundschaft** ***omotenashi*** hier in Deutschland und planen einen Restaurantbesuch oder Shopping-Trip. Falls Sie dazu noch etwas Unterstützung benötigen, möchte ich Ihnen die von mir und meinen Koautoren verfassten Bücher »**Japan in Berlin**«, »**Japan in Hamburg**«, »**Japan in Düsseldorf**« und »**Japan in München**« ans Herz legen.

*www.gomap.de/**jidl***

#Tipp: Eine weitere gute Möglichkeit, sich auf Japan als Reiseland vorzubereiten, sind Dokumentationen und Berichte im Fernsehen. Die beste Gelegenheit bietet hier **NHK World TV** auf seiner Website oder mit seinen Apps für Android und Apple. Damit können Sie das englische Live-Programm mit Nachrichten und spannenden Reportagen sehen. Für Japananfänger empfehle ich die Videos »Easy Travel Japanese« in der Mediathek. Gerne schaue ich mir dort mit Apple TV die gut recherchierten Reisedokumentationen an. In Japan aktivieren Sie **Mitteilungen** für diese App und erhalten Warnungen bei **Erdbeben** und **Tsunamis** (S. 114).

*www.gomap.de/**nhkw***

Sumo-Level

Neben dem Training ist das Essen für **Sumo-Ringer** (力士) sehr wichtig. Die japanische Küche ***washoku*** (和食) gehört sogar zum Weltkulturerbe. Nutzen Sie jede Gelegenheit, um die raffinierte Kochkunst in ihrer Vielfalt zu genießen.

Günstig frühstücken 朝食

Jeder Tag beginnt für mich mit einem guten Frühstück, doch ausgerechnet mein erstes japanisches **Frühstück *chōshoku*** (朝食) konnte mich nicht begeistern. Bevor ich 1993 als Student mein Zimmer beziehen konnte, wurde ich bei der Ankunft für eine Nacht in einem Business-Hotel untergebracht, wo man mir zum Frühstück **Reis, gegrillten Fisch,** eine **Miso-Suppe** und **eingelegten Rettich** vorsetzte. So sehr ich japanisches Essen im Laufe der Zeit schätzen lernte, aber gleich zum Frühstück Reis und Fisch war nicht mein Ding, noch am selben Tag kaufte ich mir Cornflakes und Milch.
Wenn ich ein **traditionelles Gästehaus *ryokan*** (旅館) besuche, habe ich mich inzwischen an das japanische Frühstück gewöhnt, doch bevorzuge ich in japanischen Hotels weiterhin »**Continental Breakfast**«. Oft ist das Frühstücksbuffet nicht im Zimmerpreis enthalten und mit 2.000–3.000¥ recht teuer. Nimmt man dann nur labbriges Toastbrot mit etwas Marmelade und Butter, ist das Preis-Leistungs-Verhältnis sehr schlecht. Daher im Folgenden meine Empfehlungen für einen gelungenen Start in den Tag: Meistens gibt es im Zimmer einen **Wasserkocher;** Tee und löslicher Kaffee sind kostenlos und werden üblicherweise nach Verbrauch auch wieder aufgefüllt. Falls es am Morgen schnell gehen soll, kaufen Sie am Vorabend im **24h-Laden** für Ihr Frühstück ein: Baumkuchen, Zimtschnecken, Joghurt, Orangensaft oder was Sie gerne am Morgen essen. Wer Filterkaffee möchte: Auch dieser wird zum Selbstbrühen angeboten, in Folie eingeschweißt mit Papierfilter und einem Kartonhalter. Soll es **frisch gemahlener Kaffee** sein und Sie haben etwas mehr Zeit, dann können Sie auch direkt im **24h-Laden** frühstücken, viele bieten hierzu Sitzgelegenheiten.

Eine gute und überwiegend auch günstigere Alternative zum Frühstücken bei **Starbucks Coffee** (über 1000 Filialen gibt es in Japan) sind die Café-Ketten mit Namen wie **Beck's Coffee Shop, Café de Crié, Caffe Veloce, Doutor, Excelsior Caffé, Ginza Renoir, Hoshino Coffee, Moriva Coffee, Pronto, St. Marc Café, Tully's Coffee, Ueshima Coffee** und **Vie de France.** Achten Sie dort auf Frühstücksangebote, diese heißen meistens »**Morning Set**«. Es gibt Toast oder ein Sandwich mit Getränk, ab und zu auch ein gekochtes Ei dazu. Die Preise für ein »Morning Set« liegen oft nur bei circa 500¥. Auch alle rund um die Uhr geöffneten Burger-Ketten und Family-Restaurants (wie z. B. **Royal Host**) bieten ein »Morning Set« an, um Kunden zum Frühstücken anzulocken. Doch selbst wenn Sie verschiedenes Gebäck am Selbstbedienungsschalter nehmen und dazu einen Kaffee bestellen, bezahlen Sie selten über 1.000¥. Hier eine Liste der Websites aller genannten Ketten:
*www.gomap.de/**cafe***

#Tipp: Zur Kaffeezeit am Nachmittag spart man mit einem »**Cake Set**«, doch ist die Auswahl an Getränken auf »**Blend Coffee**« oder »**Blend Tea**« begrenzt. In vielen Cafés bekommen Sie übrigens auch günstig **Sandwiches, Pasta** oder sogar **Pizza**, falls Ihnen am Mittag oder Abend mal nicht nach japanischem Essen zumute ist.

Stäbchen benutzen 箸

Vermutlich konnten Sie noch ohne **Essstäbchen** ***hashi*** (**箸**) frühstücken, über kurz oder lang werden Sie aber um Essstäbchen nicht herumkommen. Falls Sie in Deutschland noch nicht damit geübt haben, hier eine kurze Erklärung zur richtigen Benutzung:

Das eine Stäbchen fest zwischen Daumenwurzel und Ringfinger klemmen, dann das andere Stäbchen wie einen Bleistift nur mit den Spitzen von Daumen und Zeigefinger halten:

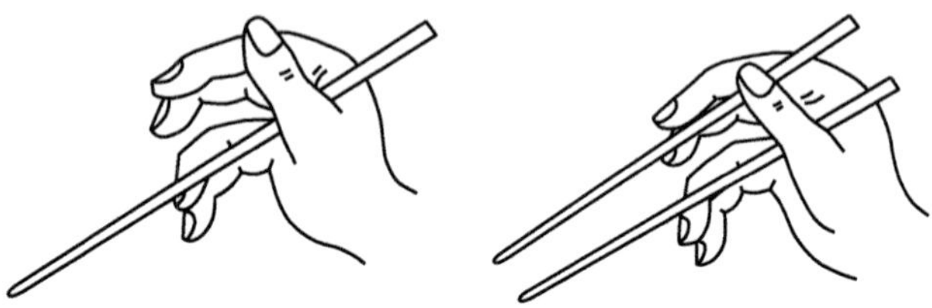

Mit den Fingern das obere Stäbchen steuern und das Essen an der Spitze beider Stäbchen aufnehmen (V-Stellung):

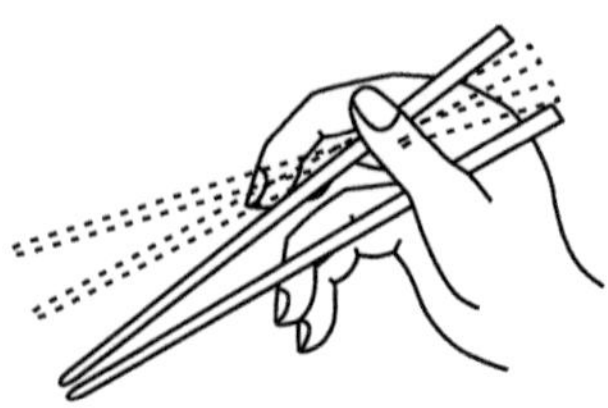

Damit Sie sich am Anfang Ihrer Japanreise nicht gleich einen Fauxpas leisten, zähle ich Ihnen auf der folgenden Seite noch die wichtigsten Regeln bei der Verwendung von Stäbchen auf.

Nie sollte ein Stück Essen von Stäbchen zu Stäbchen übergeben werden, sondern immer der Teller oder eine kleine Schale zum Darauflegen gereicht werden. Das gemeinsame Halten mit Stäbchen wird in Japan während der Begräbniszeremonie praktiziert, wenn die Knochenreste nach dem Verbrennen des Leichnams aus der Asche in die Urne gelegt werden. Ähnlich schockierend wäre es, Stäbchen aufrecht in den Reis zu stecken, weil auf diese Weise den Toten der Reis serviert wird.
Solange man nicht mit dem Essen fertig ist, legt man in Pausen die Spitzen der benutzten Stäbchen auf der **Stäbchenablage** ***hashioki*** (**箸置き**) ab. Legt man die Stäbchen parallel auf die Schale mit der Sojasauce oder die Schüssel mit Reis oder Miso-Suppe, dann signalisiert man damit, dass man mit dem Essen fertig ist. Teilt man eine Essensplatte mit mehreren Personen, dann nimmt man die unbenutzten Enden der Stäbchen, um das Essen auf seinen Teller zu nehmen.
Stäbchen sind nicht dazu gedacht, damit das Essen aufzuspießen. Auch sollte man mit den Stäbchen kein Geschirr verrücken. Mit den Stäbchen auf etwas oder gar eine Person zu deuten, ist ganz verpönt. Eine weitere Untugend ist es, die Stäbchen aneinander zu reiben, um Holzsplitter zu entfernen. Außerdem sollte man Stäbchen nicht gekreuzt ablegen.

#Tipp: In günstigen Restaurants gibt es oft keine Ablage für die Stäbchen, legen Sie diese dann auf der Papierhülle oder dem Teller ab. Manche Japaner falten einfach die Papierhülle der Stäbchen dreimal zusammen und knicken das Papierpaket dann ein weiteres Mal. Man erhält damit eine Ablage, auf deren Kante man seine Stäbchen legt, ohne dass diese den Tisch berühren.

Sushi korrekt essen 寿司(すし)

Falls das mit den Stäbchen noch nicht so ganz klappen sollte, möchte ich Ihnen gleich am Anfang verraten: Es ist überhaupt nichts dabei, **Sushi** (寿司) mit den Händen zu essen. Trotzdem gibt es aber jede Menge Fettnäpfchen, weshalb ich Ihnen die wichtigsten Regeln näherbringen möchte.

Benutzen Sie nur wenig **Sojasauce** ***shōyu*** (醤油), am besten gießen Sie sich nur so viel ein, dass der Boden der dafür bereitgestellten Schale bedeckt ist. In die Sauce dippen Sie beim **Handballen-Sushi** ***nigiri-zushi*** (握り寿司) die Fischseite ganz kurz ein, damit ungefähr ein Drittel des Fischs von der Sojasauce benetzt ist. **Eingelegten Ingwer** ***gari*** (ガリ) isst man nie gleichzeitig mit dem Sushi, sondern zwischen den unterschiedlichen Fischsorten, damit sich der Geschmack im Mund neutralisiert. Bei meinem letzten Besuch eines Sushi-Restaurants in Berlin musste ich mit ansehen, wie ein Gast sein Sushi regelrecht badete. Er platzierte es mit der Reisseite nach unten mitten in die bis zum Rand gefüllte Schale und wartete, bis sich der Reis schön mit der Sauce vollgesogen hatte. Zur Krönung nahm er jedes Mal ein Stück Ingwer und platzierte es auf seinem Sushi, bevor er es sich in den Mund schob. Wie man ein derart versalzenes Sushi überhaupt noch genießen kann, ist mir unerklärlich.

Eine weitere Unsitte ist es, den **Meerrettich** ***wasabi*** (山葵) in die Sojasauce zu rühren. Seine Duftaromen können sich dann nicht richtig entfalten. In Japan befindet sich übrigens immer die korrekte Menge Wasabi zwischen Fisch und Reis, doch falls Sie kein Wasabi mögen, können Sie das natürlich sagen. Beim **Fließband-Sushi** (S. 40) kann man bei der Bestellung angeben, ob man Wasabi mag oder nicht. Bei **Fischstücken** ***sashimi*** (刺身) und **Streu-Sushi** ***chirashi*** (ちらし) ist Wasabi immer dabei, nehmen Sie dann eine kleine, Ihnen angenehme Menge mit den Stäbchen auf und platzieren sie auf dem Fisch, den Sie dann in die Sojasauce tauchen. Im Mund mischt sich alles zum perfekten Geschmackserlebnis. Falls Sie im Restaurant kein feuchtes Handtuch ***oshibori*** erhalten, ist es vielleicht angenehmer, das Sushi mit den Stäbchen zu essen. Diese sollten bei Nigiri-Sushi zum Greifen immer in Längsrichtung orientiert sein, weil dann die Gefahr am geringsten ist, dass das Sushi auseinanderbricht. Etwas Übung braucht man, um den Fisch korrekt in die Sojasauce zu dippen. Am einfachsten ist es, wenn Sie das Sushi mit den Stäbchen vorsichtig zur Seite drehen und dann Fischseite und Reisunterseite zwischen den beiden Stäbchen fixieren. Jetzt können Sie es korrekt nur mit der Fischseite in die Sojasauce dippen. Bei **Sushi-Rollen** ***maki*** (**巻き**) tauchen Sie nur eine Kante kurz in die Sojasauce, sonst saugen sie zu viel davon auf. Eine elegante Variante für **Schlachtschiff-Sushi** ***gunkan-maki*** (**軍艦巻き**) ist es, die Sojasauce mit einem Stück eingelegten Ingwer auf die Fischeier zu streichen. Sushi isst man mit Ausnahme von tütenförmigen **Handrollen** ***temaki*** (**手巻き**) immer in einem Stück, d. h. man beißt weder in der Mitte ab, noch teilt man Sushi mit den Stäbchen. Außerdem nimmt man sein Sushi nie auseinander, indem man den Fischbelag vom Reis abhebt, weil es den Sushi-Meister beleidigt. Lassen Sie außerdem das Sushi nicht lange liegen, sondern genießen es immer sofort, nachdem es Ihnen serviert wurde

#Tipp: Wenn Sie mehr über Sushi erfahren wollen, möchte ich Ihnen mein Buch »**Sushi Guide**« empfehlen.
*www.gomap.de/**sugd***

Tonkatsu genießen 豚カツ (とんカツ)

Nachdem Sie jetzt bereits etwas Übung mit Stäbchen haben und immer nur Sushi auf die Dauer langweilig ist, möchte ich Ihnen eine weitere japanische Spezialität vorstellen. **Tonkatsu** (**豚カツ**) ist dem deutschen Schweineschnitzel nicht unähnlich, doch hat man selbst das in Japan noch perfektioniert. So ist die Kruste durch das verwendete Paniermehl ***panko*** noch knuspriger als beim Wiener Schnitzel.

Je nachdem ob Sie eher mageres oder fettes Fleisch bevorzugen, können Sie im Tonkatsu-Restaurant zwischen Schweinefilet ***hire*** (ヒレ) und durchwachsenem Fleisch ***rōsu*** (ロース) wählen. Ich persönlich bevorzuge das saftigere **Rōsu-Katsu.** Tonkatsu wird immer in Streifen geschnitten und mit geraspeltem Weißkohl und Reis als Beilage serviert, sodass man es mit Stäbchen essen kann.

Die erste größere Hürde beim Tonkatsu ist, die richtige Sauce zu verwenden. Über das Fleisch gibt man eine dicke braune Sauce. Sie kommt meistens aus einem größeren Behälter, der den Schriftzug **Sauce** (ソース) trägt. Manchmal gibt es für verschiedene Tonkatsu-Arten unterschiedliche Saucen. Falls Ihnen das Personal nicht zeigt, welche Sie verwenden sollen, fragen Sie besser nach. Die Sauce geben Sie entweder sparsam direkt auf das Fleisch oder in ein kleines bereitgestelltes Schälchen. Falls es solch ein Schälchen gibt, dann findet man oft auch eine Mühle mit Sesamkörnern, die man nach Belieben mit der Sauce vermischen kann. Auf das geraspelte Weißkraut gebe ich ein wenig **Sojasauce *shōyu*** (醤油) zum Würzen. Es ist auch üblich, das Fleisch nicht nur mit Sauce zu essen, manche bevorzugen zusätzlich Zitrone mit etwas **Salz *shio*** (塩). In vielen Tonkatsu-Restaurants findet man noch einen Bottich mit Senf oder es wurde gleich ein Klecks auf dem Tellerrand platziert. Achtung, dabei handelt es sich um sehr scharfen Senf, von dem man nur wenig auf das Fleisch gibt oder je nach Geschmack etwas davon mit der Sauce vermischt. Für ein schnelles Mittagessen gibt es noch die Variante **Katsudon** (カツ丼), dabei wird das Fleisch auf einer Schüssel mit Reis platziert und mit einem halbgaren Ei übergossen.

Falls Sie während Ihrer Reise in Nagoya vorbeikommen, dann müssen Sie unbedingt die dort verbreitete Spezialität **Miso-Katsu** probieren. Die Sauce enthält Miso und wird gerne auch etwas großzügiger über das Fleisch gegossen.

Beliebt in ganz Japan ist auch die Variante mit einer **Curry-Sauce.** Für unter 1.000¥ bekommen Sie »Pork Cutlet Curry« bei der in Japan verbreiteten Kette **Curry House Coco Ichibanya.** Falls Sie kein Schweinefleisch mögen, gibt es dort auch Varianten mit **Rind**- oder **Hühnerfleisch.**

Eine Institution mit langer Tradition für Tonkatsu ist das Restaurant **Maisen,** hier bekommen Sie auch sehr hochwertiges Fleisch vom schwarzen Schwein ***kurobuta*** (黒豚). Das Stammhaus befindet sich in einem alten Badehaus in Laufreichweite der Omotesandō in Harajuku, Tokyo. Da es dort insbesondere am Wochenende lange Warteschlangen gibt, empfehle ich, eine der vielen Filialen zu besuchen, die in ganz Japan zu finden sind.

*www.gomap.de/**tnkt***

#Tipp: Haben Sie es doch bei Maisen im Stammhaus versucht und Ihnen ist die Warteschlange zu lang? Dann kaufen Sie doch einen Katsu-Sandwich **Hirekatsu-Sando** oder eine **Lunch-Box** am Take-out-Schalter.

Nudeln laut schlürfen 麺

Die japanische Küche hat eine große Vielfalt an **Nudeln** ***men*** (麺), die sich in die Arten **Rāmen** (ラーメン), **Soba** (そば) und **Udon** (うどん) einteilen lassen. Während ich im Winter eine heiße Rāmen-Suppe bevorzuge, esse ich im Sommer lieber Soba oder Udon, die man auch kalt in leckere Saucen taucht und dann genüsslich hinunterschlürft. Die Nudeln isst man ebenso mit Stäbchen, Sie haben ja inzwischen etwas Übung und schaffen es hoffentlich, eine mundgerechte Menge aus der Schüssel zu fischen. Dann saugt man die Nudeln unter einem lauten Schlürfgeräusch in den Mund, das gehört in Japan beim Nudelessen dazu. Nur bei italienischer Pasta schlürft man nicht, weil man diese – wie bei uns üblich – mit Besteck isst.

Insbesondere bei Rāmen gibt es schier unzählige Varianten, die sich durch Nudeln, Brühe und Topping unterscheiden. Die **Nudeln** werden aus Weizenmehl, Salz, Wasser und manchmal auch Eiern hergestellt. Ihre gelbliche Färbung kommt durch den Zusatz ***kansui,*** so bezeichnet man das Wasser des Kan-Sees in der Inneren Mongolei, wo die Nudeln ihren Ursprung haben. Der Zusatz wird heute künstlich hergestellt und ist in Deutschland laut Lebensmittelgesetz in der Verarbeitung verboten, importierte Nudeln dürfen ihn aber enthalten. Während hochwertige Nudeln täglich frisch hergestellt werden, gibt es auch welche, die einige Zeit im Kühlschrank gelagert werden können, und getrocknete Nudeln, die mehrere Monate haltbar sind.

Die **Basisbrühe** ist Hühner- oder Fischbrühe ***dashi*** (出汁) oder wird aus ausgekochten Schweineknochen ***tonkotsu*** (豚骨) gemacht. Dieser wird bei der Zubereitung nach Kundenwunsch entweder Sojasauce ***shōyu*** (醤油), Sojabohnenpaste ***miso*** (味噌), oder auch nur Salz ***shio*** (塩) hinzugefügt.

Als **Topping** findet man Lauchzwiebeln ***negi*** (葱), Schweinefleisch ***chāshū*** (チャーシュー), Gemüse ***yasai*** (野菜) oder scharfe Fleischsauce ***tantan*** (担担). Authentische Rāmen mit hochwertigen aus Hokkaidō importierten Nudeln bekommt man in der Kette **Takumi** in einigen deutschen Städten.
Frisch hergestellte Soba-Nudeln (手打ちそば) aus **Buchweizen** lassen sich am besten kalt genießen. Sie werden auf einer Bambusmatte ***zaru*** (ざる) serviert und sind ab und zu mit Algenstreifen ***nori*** (海苔) garniert. In die beigefügte Sauce zum Dippen geben Sie noch Wasabi, Frühlingszwiebeln, ggf. geriebenen Rettich und Gewürze, dann tauchen Sie die Nudeln darin ein. Wenn Sie fertig sind, bekommen Sie eine kleine Kanne mit dem dickflüssigen Kochwasser ***sobayu*** (蕎麦湯) serviert, gießen Sie es in die übrige Sauce und genießen das Gemisch als Suppe. Falls Sie kein Sobayu bekommen, sagen Sie: *»Sobayu o-negai shimasu«*, »Sobayu bitte«.
Bei den meist dicken **Weizennudeln Udon** ist die Vielfalt nicht ganz so groß wie bei Rāmen, aber es gibt auch hier viele Restaurants, welche die Nudeln täglich frisch herstellen. Beliebt sind Suppen mit Curry ***karē*** (カレー), mit frittierter Tofuscheibe ***kitsune*** (きつね) oder frittierten Shrimps ***tempura*** (天ぷら).
*www.gomap.de/**nudl***

#Tipp: Falls Sie außergewöhnliche Udon aus riesigen Schüsseln in schöner Atmosphäre genießen wollen, dann kann ich Ihnen die Kette **TsuruTonTan** empfehlen. Sie finden mehrere Filialen in Tokyo und Osaka. Mit etwas Glück bekommen Sie im Restaurant in der **Ginza Tōkyū Plaza** einen Fensterplatz mit Blick auf die Sukiyabashi-Kreuzung.

Sushi vom Fließband 回転寿司

Bis auf sehr wenige Ausnahmen meide ich in Deutschland Restaurants mit **Fließband-Sushi** ***kaiten-zushi*** (回転寿司), aber in Japan können Sie dort immer ohne Bedenken frisches Sushi genießen, wenn Sie meine Hinweise beachten. Die klassischen Fließbänder, wo man sich die vorbeifahrenden Tellerchen je nach Geschmack auswählt, werden weniger oder mit einer zusätzlichen Schiene ausgerüstet, auf der individuell bestelltes Sushi vollautomatisch direkt vor Ihre Nase fährt.
Wenn ich sehr hungrig bin, bediene ich mich auch gerne mal vom Band, aber viele wissen nicht, dass man beim Fließband-Sushi auch immer direkt bestellen kann. Das hat den Vorteil, dass man ganz frisches Sushi bekommt, das nicht schon viele Runden auf dem Band gedreht hat. Eine einfache Bestellmethode sind kleine Zettel, hier tragen Sie die in der Karte aufgeführten Nummern in eine Tabelle ein und geben den Zettel der Bedienung. Diese ergänzt dann ggf. noch die Tischnummer, falls Sie diese nicht schon selbst eingetragen haben. Nur falls Sie von einer Sorte mehrere Teller bestellen möchten, tragen Sie noch in einer weiteren Spalte [皿数] die Anzahl ein. Bei Nigiri-Sushi sind üblicherweise bereits zwei Stück auf dem Teller. Eine weitere Spalte betrifft das **Wasabi** [わさび]. Falls Sie keines mögen, machen Sie einen Kringel um das Wort »ohne« [ぬき]. Manchmal gibt es ein Kanji für »mit« [入], dann sollten Sie dieses einkreisen, wenn Sie Wasabi möchten.

Viele Restaurants sind heute bereits mit **Tablets** ausgestattet, was die Bestellung weiter vereinfacht. Sobald Sie diese abgeschlossen haben, braucht es nicht lange und das Sushi wird Ihnen direkt an den Platz gefahren. Räumen Sie dann die Teller vom Wagen und vergessen Sie nicht, danach die rote Taste zu drücken, damit der Wagen wieder freigegeben wird.
Beim Fließband-Sushi gibt es noch weitere Besonderheiten, die Neulinge wissen sollten. Den **Tee** macht man sich selbst, dazu nimmt man eine leere Tasse und gibt etwas Matcha-Pulver hinein. Es soll schon Touristen gegeben haben, die sich das Grüntee-Pulver über das Sushi gestreut haben, weil sie dachten, es handele sich dabei um Wasabi. Heißes Wasser zapft man sich am Tresen, Achtung, das Wasser ist sehr heiß. Eingelegten **Ingwer** nehmen Sie sich selbst aus dem Bottich. Eine **Miso-Suppe** bestelle ich mir noch gerne extra dazu.
*www.gomap.de/**ktsi***

#Tipp: Sie können Ihre Sushi-Bestellungen beliebig kombinieren, also jederzeit Tellerchen vom Fließband nehmen, mit dem Tablet ordern oder einen Bestellzettel mithilfe der Speisekarte ausfüllen. Am Ende zählt die Bedienung alle leeren Teller und gibt Ihnen einen Ausdruck. Mit diesem begeben Sie sich zur Kasse beim Ausgang, wo Sie Ihre Rechnung begleichen.

Katzencafés besuchen 猫カフェ

Wenn Sie gerne eine gute Tasse Kaffee trinken möchten und Katzen mögen, dann muss ich Sie enttäuschen, denn beim **Katzencafé** ***nekocafe*** (猫カフェ) geht es in der Hauptsache um Katzen, doch aus gutem Grund nur nebenbei um Kaffee. Obwohl ich eine Katzenhaarallergie habe, scheute ich weder Kosten noch Mühen und testete einige Katzencafés.

Kleine Wohnungen sowie lange Arbeitszeiten mögen ein Grund dafür sein, dass sich viele Japaner keine eigene Katze halten, sondern lieber stundenweise in einem Katzencafé entspannen, mit Katzen spielen, sie streicheln oder sich nur an ihrem Anblick erfreuen. Üblicherweise bezahlt man für den Aufenthalt im Katzencafé eine **zeitabhängige Gebühr**, wobei der **Mindestaufenthalt** entweder 30 Minuten oder eine Stunde beträgt. Eine Stunde kostet normalerweise circa **1.200¥**, manchmal ist es an Werktagen etwas günstiger als am Wochenende. Getränke gibt es nur aus dem Automaten, dieser bietet in den meisten Fällen einfachen Kaffee und Softgetränke aus dem Pappbecher an. Falls die Getränke nicht im Preis inbegriffen sind, kann man für eine geringe Zusatzgebühr »**All you can drink**« buchen. Kuchen oder weitere Nahrungsmittel sind mir in japanischen Katzencafés bisher noch nicht begegnet, es dürfen auch keine Lebensmittel mitgebracht werden. Dadurch entfallen für die japanischen Katzencafés strenge hygienische Auflagen für Gaststätten, die von **deutschen Katzencafés** mit Kuchen und Snacks im Angebot beachtet werden müssen. Die findet man inzwischen in **Berlin**, **München** und anderen Großstädten. Im Katzencafé kann man eine schöne Zeit alleine oder mit der Familie verbringen, wobei ein Familienbesuch recht schnell teuer wird, weil Kinder üblicherweise den gleichen Preis wie Erwachsene zahlen.

Einige Katzencafés haben feste Fütterungszeiten am Vormittag und Abend, dann lassen sich schöne Fotos oder Videos machen. Beim Besuch der Katzencafés gibt es einige **Regeln** zu beachten:
- Schuhe und Taschen lässt man in einem Schließfach.
- Hände sollten vorher gewaschen und desinfiziert werden.
- Fotos dürfen nach Belieben gemacht werden, nur ohne Blitz.
- Lautes Sprechen ist nicht gestattet.
- Füttern ist verboten, manche Cafés verkaufen Leckerli.
- Herumtragen und Fangen der Katzen ist verboten.
- Normales Spielen und Streicheln ist erlaubt.
- Schlafende Katzen dürfen nicht gestört werden.

Neben Katzencafés gibt es auch weitere Cafés mit Tieren, insbesondere **Igel** und **Eulen** liegen voll im Trend, weil die Jungtiere so niedlich ***kawaii*** sind. Es sind jedoch definitiv keine Haustiere, sondern Wildtiere, weshalb ich Ihnen aus Gründen des Tierschutzes empfehle, diese nicht zu besuchen. Was ich mir angesehen habe, war wirklich traurig, so erinnere ich mich an eine junge Eule mit einem fettigen Fleck auf dem Kopf vom vielen Streicheln.

#Tipp: Hinsichtlich Standards und Einrichtung gibt es auch bei Katzencafés große Unterschiede. Bei manchen hatte ich das Gefühl, dass Katzen nur als Ware gesehen und in trister Einrichtung vermarktet werden. Die Katzen sollten einen eigenen Rückzugsraum haben. Einen guten Eindruck haben die Katzencafés der Kette **Cat Cafe Mocha** auf mich gemacht, von denen es aktuell neun in Tokyo und auch jeweils eins in Kyoto, Nagoya, Osaka und Yokohama gibt.
*www.gomap.de/**cats***

Wagashi kosten 和菓子

Wie in Deutschland findet man auch in Japan viele Cafés, in denen man ein Stück Kuchen mit einem Kaffee bestellen kann. Aber wie der Engländer zur Teatime lieber einen Tee mit Scones genießt, gibt es in Japan eine hoch entwickelte eigene Teekultur. Sie müssen nicht immer eine aufwendige Teezeremonie buchen, denn Sie bekommen in vielen Gärten und Parks für circa 500 ¥ ein Set bestehend aus einer Schale **Matcha-Tee** und einer **Süßigkeit**, die Wagashi genannt wird.

Wagashi (和菓子) bestehen aus pflanzlichen Rohstoffen, meistens süßer Bohnenpaste ***anko*** (あんこ), Zucker, Agar-Agar und gelegentlich auch gestampftem Reis ***mochi*** (餅). Eine Untervariante ist **Higashi** (干菓子), das trockener ist und aus gepresstem Reismehl und Zucker besteht. Die Gestaltung und Farbe der Süßigkeiten wechseln mit den Jahreszeiten.

Essen Sie das Wagashi vor dem Tee, denn mit der Süße wird die Bitterkeit des Matcha-Tees etwas abgemildert. Bei einem größeren Stück Wagashi nehmen Sie es zusammen mit der Papierunterlage ***kaishi*** auf die Handfläche und teilen es mit dem bereitgestellten kleinen Holzspieß ***kuromoji*** in einzelne mundgerechte Teile. Nachdem Sie das Wagashi gegessen haben, nehmen Sie die Teeschale mit beiden Händen. Üben Sie doch gleich für eine formelle Teezeremonie und nehmen die Schale seitlich mit der rechten Hand und stützen die Unterseite mit der linken. Dann drehen Sie die Schale mit der rechten Hand zweimal, damit die Ihnen zuvor zugewandte schöne Vorderseite der Schale wieder zum Gastgeber schaut (also eine Drehung um 180°). Den Tee trinkt man dann ganz nach Belieben in circa drei bis vier Schlucken, dreht die Teeschale dann wieder um 180° zurück und stellt diese vor sich ab.

Das war nur der vereinfachte Ablauf, falls jeder Gast eine eigene Teeschale erhält. Bei einer traditionellen Teezeremonie wird die Schale geteilt und man trinkt nacheinander. Deshalb sagen Sie am Anfang, bevor Sie die Schale in Ihre Hand nehmen, »*Osakini*«, was so viel bedeutet wie »Entschuldigen Sie, dass ich vor Ihnen trinke.« Außerdem wischt man nach dem Trinken mit rechtem Daumen und Zeigefinger den Rand der Teeschale ab und reinigt die Finger am Papier. Falls Sie eine Stoffserviette erhalten haben, nehmen Sie diese, um den Rand der Teeschale abzuwischen. Bewundern Sie die Schale vor dem Zurückstellen als Zeichen der Wertschätzung für den Gastgeber. Für Wagashi gibt es viele alteingesessene Läden mit langer Tradition. Dort kauft der Gastgeber einer privaten Teezeremonie die passenden Süßigkeiten. Den bekannten Hersteller **Toraya** aus Kyoto gibt es seit dem 16. Jahrhundert, er hat viele Filialen in ganz Japan.
*www.gomap.de/**wgsi***

#Tipp: Falls Sie frische Wagashi in Deutschland kaufen wollen, gibt es bisher leider nur in Düsseldorf ein regelmäßiges Angebot. Nutzen Sie daher die Gelegenheit in Japan und besuchen einen Kurs, bei dem Sie in knapp zwei Stunden einige wichtige Grundlagen erlernen, wie Sie rohe Wagashi ***(Jō-Namagashi)*** herstellen. Zurück in Deutschland können Sie dann aus den verfügbaren Grundmaterialien selbst Wagashi machen und Ihren Besuch mit einer authentischen Teezeremonie überraschen.
Falls Sie an Kurzseminaren über japanische Kultur und Bräuche, traditionelle Handwerkskunst und Küche interessiert sind, empfehle ich Ihnen mein Buch »**Tokio Kultur erleben**«.
*www.gomap.de/**toke***

Ryokan nutzen 旅館

Zum Höhepunkt einer Japanreise gehört eine Übernachtung in einem **traditionellen Gästehaus** ***ryokan*** (旅館), am besten eines mit eigener heißer Quelle ***onsen*** (温泉). Das Gesamterlebnis aus heißem Bad (Etikette S. 78), mehrgängigem japanischen Abendessen ***kaiseki*** (懐石) und Schlafen auf **Futon** (布団) und **Tatami** (畳) in traditionellen Häusern ist ein unvergessliches Erlebnis. Leider ist so eine Übernachtung mit Halbpension nicht gerade billig, der Preis startet in guten Häusern bei circa 20.000 ¥ pro Person. Auf Futon und Tatami schläft es sich etwas härter als in einem herkömmlichen Bett, doch auf Wunsch wird Ihnen das Personal gerne zwei Matratzen ***shikibuton*** (敷き布団) übereinanderlegen. Einige Ryokan bieten Zimmer mit westlichen Betten an, Sie müssen sich dann bereits bei der Buchung festlegen. Falls Sie sich trotzdem nicht trauen, auf dem Boden zu schlafen, oder das Reisebudget es schlicht nicht hergibt, können Sie zumindest einen Teil der Vorzüge eines Ryokan auch günstiger genießen. Geht es Ihnen vor allem um das Onsen-Erlebnis, bieten viele Ryokan auch Tagesbesuchern die Möglichkeit, das Bad am Nachmittag zu besuchen. So war ich einmal in Nikko im **Hoshinoyado,** das man in der Zeit von 12 bis 15 Uhr für lediglich 1.000 ¥ besuchen kann. Auch kann man dort mittags verschiedene **Kaiseki-Menüs** bestellen. Darüber hinaus gibt es natürlich auch Onsen, die sich nur an Tagesbesucher richten, z. B. in **Hakone.** Diese verfügen oft über ein eigenes Restaurant, somit können Sie bei einem Tagesausflug ein wenig Ryokan-Atmosphäre genießen.
*www.gomap.de/**rykn***

#Tipp: Falls Sie auf dem Land günstig und traditionell übernachten wollen, sind von Familien betriebene **Pensionen** ***minshuku*** (民宿) eine gute Alternative.

Die meisten Speisekarten benutzen auch die bei uns üblichen arabischen Zahlen, doch manche traditionelle Häuser verwenden immer noch japanische Zahlen. Damit Sie später beim Bezahlen keine Überraschung erleben, vergleichen Sie besser die Zeichen.

0:	〇	7:	七
1:	一	8:	八
2:	二	9:	九
3:	三	10:	十
4:	四	100:	百
5:	五	1.000:	千
6:	六	10.000:	万
		Yen:	円

Beispiele:

①	②	③	④	⑤
九十円	六四〇円	三二八〇円	五千円	一万円

①= 90 Yen, ②= 640 Yen, ③= 3.280 Yen,
④= 5.000 Yen, ⑤=10.000 Yen

Mit Teishoku sparen 定食

Teishoku (定食) bezeichnet traditionelle japanische Menüs. Diese bestehen immer aus einem **Hauptgericht**, einer Schale **Reis**, einer **Miso-Suppe** und **sauer eingelegtem Gemüse.** Mit einem Teishoku-Menü haben Sie am Mittag oder Abend eine ausgewogene und gesunde Mahlzeit. Ketten wie **Ootoya** oder **Yayoiken** bieten solche Komplettmenüs in großer Auswahl zum günstigen Preis für unter 1.000¥ an. Dabei wählen Sie zunächst das Hauptgericht, meistens Fisch oder Huhn mit einer Gemüsebeilage. Beim Reis können Sie zwischen weißem Reis oder einem gesunden Reis mit fünf (Ootoya) oder mehr Körnersorten (Yayoiken) wählen. Beim weißen Reis kann man sich bei Yayoiken beliebig oft nachholen, während man bei Ootoya gleich am Anfang eine große Portion (350 g) ohne Mehrkosten ordern kann. Ein bei Ootoya beliebtes Hauptgericht ist frittiertes Huhn mit Gemüse in einer schwarzen Essigsauce. Bei Yayoiken esse ich gerne die mit Salz gegrillte Makrele. Ootoya hat Speisekarten oder Tablets, Yayoiken am Eingang Automaten zum Bestellen, beides auch auf Englisch.
*www.gomap.de/**tsku***

#Tipp: Die Preise der Teishoku-Ketten sind am Mittag und Abend identisch, damit sind sie insbesondere am Abend eine günstige Alternative zu normalen Restaurants, die nur am Mittag vergünstigte Menüs anbieten.

Geisha-Level

So elegant und selbstsicher wie eine **Geisha** (芸者) bewegen Sie sich durch den japanischen Alltag, sobald Sie alle Schritte dieses Levels absolviert haben. Lernen Sie die Besonderheiten japanischer Infrastruktur kennen und diese optimal zu nutzen.

U-Bahn fahren 地下鉄

Betrachtet man das Netz der **U-Bahn *chikatetsu*** (地下鉄) von **Tokyo** und **Osaka,** wird man anfangs von dem riesigen Geflecht unzähliger Linien erschlagen. Doch keine Angst, so schwer ist es nicht, sich zurechtzufinden, denn jeder Linie wurden eine Farbe und ein Buchstabe zugeordnet. Des Weiteren haben die Bahnhöfe entlang einer Linie fortlaufende Nummern. Wenn Sie mit langen Bahnhofsnamen ein Problem haben, achten Sie auf die eindeutige Kombination von Buchstabe und Nummer.

Glücklicherweise gibt es keine komplizierten Tarifsysteme mit unterschiedlichen Zonen wie in deutschen Städten, der Preis von Bahnhof A nach Bahnhof B ist anhand der Entfernung festgelegt und auf einem großen Netzplan an jedem Bahnhof angeschrieben. Aber darauf brauchen Sie nicht zu achten, denn Sie kaufen ja bestimmt eine Prepaidkarte von **PASMO, ICOCA, Suica** oder anderen (S. 26). Ihren Weg durch das Geflecht der Linien finden Sie ganz einfach, indem Sie sich entweder den Linienplan besorgen (PDFs über den Link unten) oder eine praktische App nutzen (S. 18).

Ausgerüstet mit Einzelticket, Prepaid- oder Tageskarte besteht die erste Prüfung darin, die Ticketschranken zu überwinden. Manche Schranken dienen nur als Ausgang, achten Sie daher auf den grünen Pfeil. Mit Einzelticket oder Tagesticket müssen Sie eine Schranke mit Schlitz finden, denn einige Schranken funktionieren inzwischen nur noch mit den kontaktlosen Karten und haben daher keinen Schlitz.

Falls am Bahnsteig noch Zeit bleibt, suchen Sie nach einem ausgehängten Plan, der für jeden Bahnhof an der Linie anzeigt, bei welcher Wagennummer sich Ausgänge und Umstiegspunkte

zu anderen Linien befinden. Das erleichtert Ihnen das Umsteigen am Zielbahnhof oder Sie brauchen zur Rushhour nicht gegen riesige Menschenströme anzulaufen, falls der gewünschte Ausgang am anderen Bahnsteigende ist. Wie man am Zielbahnhof den richtigen Ausgang findet, erkläre ich auf den folgenden Seiten.
Achten Sie insbesondere während der Rushhour an Werktagen darauf, dass Sie als Mann nicht in den »**Women Only**«-Wagen einsteigen. Diese sind auf dem Bahnsteig und am Wagen durch rosafarbene Aufkleber gekennzeichnet.
Die letzte U-Bahn fährt je nach Bahnhof zwischen 0 und 1 Uhr, danach brauchen Sie ein Taxi (S. 64) oder feiern einfach bis um 5 Uhr weiter und nehmen die erste U-Bahn.
*www.gomap.de/**uban***

#Tipp: Immer wieder stellt sich die Frage, ob sich Tagestickets für die U-Bahn lohnen. Wenn man bereits den JR Pass hat, kommt man (außer in Kyoto) mit den JR-Linien schon etwas durch die Stadt, benötigt aber für manche Orte die U-Bahn. Bei vollem Tagesprogramm mit mehr als vier U-Bahn-Einzelfahrten lohnt sich z. B. ein »**Tokyo Subway Ticket**«, das es für 24, 48 und 72 Stunden gibt (800, 1.200 und 1.500 ¥). Allerdings verkaufen nur einige Touristeninfos, Fahrkartenschalter und Geschäfte diese speziellen Touristentickets. Ich habe übrigens bei meinen vielen Reisen in Japan bisher nur ein einziges Mal ein Tagesticket der U-Bahn gekauft: An einem Regentag Ende September in Tokyo (S. 117).

Karten lesen / Adressen finden 住所

Die **Umgebungspläne** in Bahnhöfen sind hilfreich, um dem Labyrinth zu entkommen und den richtigen Ausgang zum Ziel zu finden. Eine Tatsache führt aber immer wieder zur Verwirrung bei Deutschen, weshalb ich gleich am Anfang darauf hinweise: Entgegen der bei uns verbreiteten Gewohnheit ist bei vielen Karten in Japan Norden nicht oben, stattdessen sind sie an der Umgebung orientiert. Schauen Sie also immer, wohin der Nordpfeil der Karte zeigt, um nicht in die falsche Richtung zu laufen. Die Umgebungspläne finden Sie übrigens meistens nach den Ausgangs-Ticketschranken. Suchen Sie hier nach dem richtigen Ausgang, der entweder mit einer Nummer, einem Großbuchstaben, einem Großbuchstaben mit Nummer und ab und zu auch einer Nummer mit Kleinbuchstaben gekennzeichnet wird. Gerade bei Regen (S. 116) ist es sehr praktisch, dass man manche Kaufhäuser unterirdisch erreicht.
Bei vielen Bahnhöfen – insbesondere der U-Bahn – ist es besser, bereits auf dem Bahnsteig auf die Beschilderung zu achten, weil einige Ausgänge nur über einen bestimmten Treppenaufgang vom Bahnsteig aus erreicht werden können. In Tokyo beispielsweise sind auf großen gelben Tafeln sogar Gebäude, Museen und Einkaufszentren auf Englisch mit dem entsprechenden Ausgang dahinter angeschrieben. Sehr verwirrend ist der riesige Bahnhof Shinjuku, er hat über 50 nummerierte Ausgänge (A1–S3) und ist der am stärksten frequentierte Bahnhof der Welt. Den Ausgang A1 gibt es dort zwei Mal: an der Ōedo- und Marunouchi-Linie (Bahnhof Shinjuku-Sanchōme). Zum Glück sind die Ausgänge einen Kilometer auseinander, wodurch sie eher selten verwechselt werden. Zusätzlich zu den Ausgängen gibt es am Westausgang nummerierte Treppenaufgänge 1–20, der Aufgang 11 hat nichts mit dem Ausgang A11 zu tun, auch wenn sie nahe beieinander liegen.

Nachdem Sie den richtigen Ausgang genommen haben, geht es darum, einen Ort anhand der Adresse zu finden. Weil es in Japan so gut wie keine Straßennamen gibt und das System der **Adressen** ***jūsho*** (住所) gewöhnungsbedürftig ist, verwenden Sie bei Zweifeln besser gleich **Google Maps** oder eine Offline-App sowie die Telefonnummer der Zieladresse (S. 16). Im Nahbereich, insbesondere in hohen Straßenschluchten, ist das GPS manchmal zu ungenau. Daher hier noch der Hinweis, dass die Hausnummern innerhalb eines Häuserblocks in den meisten Fällen durcheinander vergeben sind.
Falls Sie nicht weiterkommen, sind Ihnen die Polizisten der kleinen **Polizeiwachen** ***kōban*** (交番) immer gerne behilflich, denn es ist eine Aufgabe dieser lokal stationierten Nachbarschaftspolizei, bei der Suche zu helfen.

Ein **Beispiel** anhand der Adresse des Postamts in Shinjuku,
Tel.: 03-3340-1086:

〒163-8799 東京都 新宿区 西新宿1–8–8
übersetzt:
〒163-8799 Tokyo-to, Shinjuku-ku, Nishishinjuku 1-Chōme, 8-8
oder auch: 〒163-8799 Tokyo, Shinjuku, Nishishinjuku 1-8-8

Bei japanischen Adressen beginnt man beim Schreiben immer mit dem Größeren. Nach der Postleitzahl kommt die Präfektur (Tokyo-to), dann die Stadt oder der Stadtbezirk (Shinjuku-ku), dann der Stadtteil (Nishishinjuku 1-Chōme). Statt nur 1 für das Viertel schreibt man auch 1丁目 (***1-chōme***), die erste 8 steht für einen ganzen Häuserblock ***banchi*** und die hintere 8 letztendlich für das Gebäude ***gō***.

Klimaanlagen bedienen エアコン

In großen und teuren Hotels ist die Bedienung der Klimaanlage meist recht einfach, doch kann es in kleineren Herbergen, bei Airbnb-Übernachtungen oder in ländlichen Gebieten ein Problem sein, die **Klimaanlage *aircon*** (エアコン) aufgrund der ausschließlich japanischen Beschriftung der Fernbedienung korrekt zu bedienen. Eigentlich brauchen Sie nur drei Bedienelemente, um jede Klimaanlage einzustellen:

運転/停止	Ein- bzw. Ausschalter
温度	Temperatureinstellung
運転切換	Funktionswahltaste

Mit Betätigung der Funktionswahltaste schalten Sie zwischen Kühlen, Heizen und weiteren Funktionen um:

自動	Automatisch
ドライ	Trocknen
冷房	Kühlen
暖房	Heizen
送風	Ventilator

Für was sind all die übrigen Tasten auf der Fernbedienung? Nun, falls Ihnen der Luftzug zu stark ist, können Sie durch Drücken der Taste [**風量**] die Windstärke verändern.

❄

Aber nicht nur das, auch die Richtung kann mit [風向] verändert werden. Manchmal gibt es hierzu noch mehr Tasten:

上下	Windrichtung nach oben/unten umschalten
左右	Windrichtung nach links/rechts umschalten
ワイド	breite Windverteilung

Für maximale Windstärke gibt es verschiedene Zeichen:

パワフル	Powerful
ハイパワー	High Power
強風	Starker Wind

Falls Sie sich auch an die Nutzung des Timers wagen wollen, hier die Tasten:

入タイマー	Timer einschalten (Stunden nach Rückkehr)
切タイマー	Timer ausschalten (Nachlauf in Stunden)
取消	Timer widerrufen

Drückt man [内部クリーン 2秒押し] länger als zwei Sekunden, startet die innere Reinigungsfunktion. Das ist ganz praktisch, falls ein modriger Geruch aus der Klimaanlage kommen sollte.

Konbinis kennenlernen コンビニ

Der Name **Konbini** (コンビニ) kommt von »Convenience Store«, das sind kleine Läden, die rund um die Uhr geöffnet haben. Sie heißen **7-Eleven, Lawson, FamilyMart, Daily Yamazaki** oder **Mini Stop** und man findet sie an jeder Ecke. Neben **Lebensmitteln,** abgepackten Mahlzeiten, Sandwiches, Onigiri, Softdrinks, Bier, Süßigkeiten, Körperpflegeprodukten und weiteren Dingen des täglichen Bedarfs werden viele nützliche Dienstleistungen angeboten, die ich sehr schätze:

So bieten viele Läden neuerdings **guten Kaffee** an, die Preise dafür beginnen bei 100¥. Dazu wählt man auf der Karte den gewünschten Kaffee (bzw. Matcha Latte, heiße Schokolade oder Tee), zahlt und bekommt einen Pappbecher in die Hand gedrückt. Man wird zwar nicht nach dem Vornamen gefragt wie bei Starbucks und muss sich am Automaten selbst bedienen, aber da die Bohnen frisch gemahlen werden und manche Läden auch noch Stühle, Tische und **WLAN** haben, lässt sich das dank günstiger Preise verschmerzen.

Nicht nur ein preiswertes Frühstück mit frischem Kaffee, Zimtschnecken, Käsekuchen, Joghurt und Orangensaft lässt sich kaufen. Dank Wasserkocher (Selbstbedienung) und Mikrowelle (Bedienung nur durch Personal) können Sie sehr günstig etwas Warmes wie Instant-Rāmen oder frittiertes Huhn essen. **Eintopf *oden*** (おでん) gibt es an der Kasse (nicht im Sommer).

Weitere Services sind Kopierer, Faxgerät und Fotodruck (mittels Speicherkarte) sowie der Versand von Päckchen, Paketen und Reisegepäck (S. 86). Ein Service, den Japaner gerne nutzen, ist die Bezahlung von Strom-, Gas- und Telefonrechnungen, deswegen braucht es an der Kasse etwas länger, wenn der Kunde davor einen Stapel Rechnungen mitbringt. Inzwischen besorge ich mir in diesen Läden auch mein Bargeld mit der Kreditkarte

am dortigen **Bankautomaten.** FamilyMart kooperiert mit der Japan Post Bank und 7-Eleven hat eine eigene Bank, die **Seven Bank** ATMs können sogar Deutsch.
In manchen Filialen steht ein Automat, an dem man seine schmutzigen Hemden abgibt und dann am übernächsten Tag ab 9 Uhr wieder abholt. Dafür muss man sich allerdings extra registrieren und eine Kundenkarte beantragen.
Für dringende Geschäfte verfügen viele Konbinis über eine Kundentoilette, Hinweise zur Bedienung von japanischen Hightech-Toiletten finden Sie am Ende dieses Levels (S. 66).
Die **Kopiergeräte** von 7-Eleven lassen sich übrigens auch als Drucker einsetzen, um beliebige Dokumente über das Internet auszudrucken. Wie das geht, lernen Sie allerdings erst im Ninja-Level (S. 106).
An speziellen Automaten kann man sogar **Eintrittskarten** für Konzerte, Museen oder Vergnügungsparks kaufen, allerdings funktioniert das für ausländische Touristen nur bei **Lawson** an der Loppi Ticket Machine auf Englisch. Drücken Sie dort oben rechts auf das Feld »Information«, um ins englische Menü zu kommen und beispielsweise Eintrittskarten für das Ghibli Museum zu kaufen. Tickets für Tokyo Disneyland kann man leider nur über das japanische Menü kaufen.
www.gomap.de/cvst

#Tipp: 7 Eleven beklebt Onigiri, Bentō Boxen und einige Süßigkeiten jetzt mit Etiketten, die zusätzlich englische Infos enthalten. Die Schriftzeichen für Verfalls- und Mindesthaltbarkeitsdatum sind im Kapitel **Günstig schlemmen** (S. 95) erklärt.

Abfall entsorgen ごみ

Uns Deutschen wird ja nachgesagt, dass wir die Weltmeister bei der Trennung von **Müll** ***gomi*** (ごみ) sind, und tatsächlich ist die offizielle Recyclingquote hier höher als in Japan. Wenn ich aber an meine Zeit in Japan zurückdenke und mir anschaue, was man hier alles in der Restmülltonne entsorgt, bin ich überzeugt davon, dass die Japaner bessere Meister beim Mülltrennen sind, doch viel schlechtere Statistikfälscher.

Auch in Japan werden Papier, Kartonagen, Getränkedosen, PET-Flaschen, Tetrapacks, Metall und Glas getrennt entsorgt und verwertet. Daher gibt es in den Städten kaum öffentliche Mülleimer, wo man alles einfach reinwerfen kann.

Die besten Entsorgungsmöglichkeiten beim Reisen finden Sie auf Bahnsteigen und bei Konbinis. Einige Abfalleimer auf den Bahnsteigen haben eine Sichtscheibe, dadurch sieht man, was andere hineingeworfen haben. Die durchsichtigen Behälter wurden nach den Anschlägen der Ōmu-Shinrikyō-Sekte in den 90er-Jahren aufgestellt, nachdem viele zuerst abgebaut oder stillgelegt worden waren. Meistens findet man drei oder vier verschiedene Abfallbehälter mit entsprechenden Symbolen oder sogar englischer Beschriftung. Falls nicht, hier zur Orientierung die japanischen Schreibweisen:

カン	Getränkedosen
ビン	Glasflaschen
ペットボトル	PET-Flaschen
新聞・雑誌	Zeitungen und Zeitschriften (Papier)
その他のゴミ	Restmüll

In **Konbinis** fehlt oft der Behälter für Papier, denn warum sollte man eine gekaufte Zeitung gleich wegwerfen? Dafür gibt es einen Restmüllbehälter mit der Aufschrift [もやせるゴミ], was brennbarer Müll bedeutet. Also alles, was nicht in die anderen Behälter gehört und irgendwie brennbar ist wie Verpackungen und Essensreste, wirft man dort hinein. Damit ist auch grob das Konzept japanischer Müllentsorgung erklärt. Alles, was man nicht einfach recyceln kann, aber irgendwie verbrennen, wandert in eine der großen Müllverbrennungsanlagen der Stadt. Am Behälter für die Plastikflaschen befindet sich ab und zu noch eine kleine Öffnung für den Verschlussdeckel, der getrennt entsorgt wird.
Was aber macht man jetzt mit dem Müll, wenn gerade kein Bahnhof oder Konbini in der Nähe ist? Nun, bei Essensständen gebe ich, falls keine Abfallbehälter aufgestellt wurden, den Müll dort einfach wieder zurück. Neben **Getränkeautomaten** befindet sich manchmal ein Abfallbehälter nur für die Getränkeverpackungen. Ansonsten nehme ich meinen Müll auch mit zurück ins Hotel oder frage bei einer Mittagspause vor Verlassen des Restaurants, ob ich ihn dort lassen kann.

#Tipp: Selbst wenn Sie im Konbini eine Dose Limo oder eine Flasche Wasser kaufen, wird man Ihnen diese in eine Tüte packen. Für alles, was Sie sofort konsumieren, sagen Sie zur **Abfallvermeidung** an der Kasse »*Sono mama de ii desu*«, »so, wie es ist«, oder noch eindeutiger »*fukuro wa irimasen*«, »ich brauche keine Tüte«. Mittels Aufkleber wird dann markiert, dass Sie bezahlt haben.

Rauchen oder nicht? 喫煙/禁煙

Falls Sie Raucher sind, müssen Sie im Winter nicht so oft draußen frieren, denn in vielen Restaurants und Bars gibt es kein Rauchverbot. Dagegen ist das Rauchen auf der Straße in vielen Stadtgebieten Japans bereits verboten. Nichtraucher erhalten später einige Tipps, wie man rauchfreie Restaurants oder Cafés findet.
Um herauszufinden, ob in einer Straße das Rauchen erlaubt oder verboten ist, achten Sie in Bahnhofsnähe auf aufgestellte Schilder, ab und zu gibt es eine Karte, in der die Straßen mit Rauchverbot in Rot eingezeichnet sind. Häufig handelt es sich hier um stark frequentierte Straßen und Einkaufspassagen. Die Strafe für das Rauchen in solchen Straßen beträgt aktuell 2.000¥, manchmal erkennen Sie das auch anhand von Aufklebern auf den Gehwegen. Zigarettenkippen wegzuwerfen ist überall verboten. Kaufen Sie sich am besten einen **Taschen-Aschenbecher *keitai haizara*** (**携帯灰皿**) im 100-Yen-Shop (S. 98). Die japanische Tabakindustrie finanziert eine aufwendige Imagekampagne, um ihre Kunden auf mehr Rücksicht hinzuweisen. So möchte man im öffentlichen Bereich die Gefahr von Passivrauchen und weggeworfenen Zigarettenkippen komplett vermeiden. Sicherlich spielt es hier eine Rolle, dass der japanische Staat immer noch ein Drittel der Aktien von **Japan Tobacco** hält. Raucher können in der Innenstadt meistens nur auf dafür vorgesehenen Flächen rauchen oder es gibt gesponserte Lounges; in Bahnhöfen darf nirgendwo geraucht werden. Bereits zu meiner Zeit als Student drängten sich Kollegen zur Raucherpause hinter einen Duschvorhang am Bürofenster, doch gibt es inzwischen in Büros und auf Bahnhöfen geschlossene Hightech-Kabinen mit Filteranlagen.

In den meisten japanischen Kneipen und Bars ist es üblich, dass geraucht wird. Wer in Japan Nachschub an Zigaretten braucht, kauft diese am besten in Konbinis (S. 56), denn am Automaten benötigt man zum Altersnachweis eine spezielle ID-Karte.
Leider wird auch in vielen Restaurants immer wieder geraucht, sehr zum Ärger von Nichtrauchern. In manchen Restaurantketten gilt während der Mittagszeit ein Rauchverbot, und glücklicherweise gibt es immer mehr Restaurants, die nicht zuletzt auch zum Schutz ihrer Mitarbeiter das Rauchen ganz verbieten. Wer Zigarettenqualm generell vermeiden will, sollte keine Izakaya (S. 112) besuchen. Bei den großen Café-Ketten sind getrennte Bereiche für Raucher und Nichtraucher sehr verbreitet. Insbesondere in den Innenstädten sind diese Cafés das letzte Rückzugsgebiet für Raucher. Deshalb sind die Raucherbereiche oft größer und schöner eingerichtet als die Nichtraucherbereiche, in die dann gelegentlich zu allem Überfluss auch noch der Dunst aus dem Raucherbereich weht. Einzige Ausnahme ist Starbucks, dort ist das Rauchen innen verboten, lediglich draußen ist es z. B. in Osaka erlaubt. Wegen der Olympischen Spiele tritt in Tokyo im April 2020 ein verschärftes Gesetz in Kraft, das in Restaurants das Rauchen nur in einem Raucherraum zulässt – dort darf man weder essen noch trinken. Kleine Familienbetriebe ohne Angestellte sind von der neuen strengeren Regelung ausgenommen.
www.gomap.de/rhnr

#Tipp: Falls Sie einen **Nichtraucherplatz** ***kinenseki*** **(禁煙席)** oder **Raucherplatz** ***kitsuenseki*** **(喫煙席)** wünschen, fragen Sie danach oder zeigen auf die hier abgedruckten Zeichen.

Service wertschätzen サービス

In Japan wird **Service** (サービス) ernst genommen, der Kunde ist hier wirklich König und wird fast wie ein Gott behandelt. Beispiele dieses Servicegedankens habe ich hier zusammengefasst. In vielen **Restaurants** erleichtern Ihnen Plastikmodelle die Auswahl der Speisen, **Wasser** bzw. **Grüntee** sind kostenlos und werden gleich zusammen mit der Speisekarte an den Tisch gebracht. Ab und zu wird auf der Toilette sogar Mundspülung bereitgehalten, damit Sie sich nach dem Essen den Atem frisch machen können. Wenn Sie etwas beim Verlassen vergessen, kommen Sie meistens nicht mal bis zur Tür, denn die aufmerksamen Angestellten prüfen das in ihrer Routine. Bezahlt wird in Restaurants übrigens an der Kasse am Ausgang, also kein lästiges Warten auf die Bedienung.

Bei **Regen** finden Sie an Geschäftseingängen einen Regenschirmtrockner oder eine Vorrichtung, mit der Sie den Regenschirm in eine Tüte verpacken. Am Tresen einer Kasse befindet sich oft eine kleine Vorrichtung, wo Kunden den Regenschirm aufhängen können, damit Sie zum Bezahlen die Hände frei haben. Klare Markierungen auf dem Boden zeigen an, wo man sich für eine **Warteschlange** anstellt.

In **Geschäften** gehört das aufwendige Verpacken der Waren – auf Wunsch auch als Geschenk – zum Service selbstverständlich mit dazu. Beim Kauf eines kleinen Törtchens werden Sie gefragt, wie viel Zeit Sie bis nach Hause brauchen, und man packt ggf. einen Eisbeutel mit ein. Bei Eiscreme wird manchmal sogar Trockeneis vorgehalten, hierfür wird aber je nach Laden ein zusätzlicher Aufschlag berechnet. In einem japanischen **Hotelzimmer** befinden sich immer ein Wasserkocher und kostenloser Tee und Kaffee.

Vor dem Bahnhof in Fukushima fielen mir abends **Taxis** mit zwei Fahrern auf. Wegen der Null-Promille-Grenze für Autofahrer kann man sich im eigenen Fahrzeug nach Hause fahren lassen und das Taxi folgt, damit beide Fahrer wieder zurück zum Taxistand kommen.

Auch **Produktverpackungen** werden mit Bedacht entworfen. In Erinnerung kommen mir Joghurtbecher, bei denen sich ein faltbarer Plastiklöffel im Deckel befindet. Kunstvoll werden Onigiri – ein Snack aus Reis und Seetang – verpackt, trotzdem lassen sich diese leicht öffnen und die Trennfolie zwischen Reis und getrocknetem Seetang kann entfernt werden, ohne dass der Reis später an den Fingern klebt.

Die Service- und Kundenorientierung äußert sich auch durch tolle Produkte, die einem das Leben erleichtern. Insbesondere **Schreibwaren** und **Reisezubehör** kaufe ich daher gerne in Japan. Es gibt Federmäppchen mit Gummiband, womit man dieses am Einband seines Notizbuchs befestigt und somit nicht mehr verliert. Kompressionsbeutel, damit Wäsche weniger Platz im Koffer benötigt, und weitere praktische Reiseartikel bekommt man inzwischen auch bei **MUJI** in Deutschland.

*www.gomap.de/**srvc***

#Tipp: Bei **Tōkyū Hands** gibt es Holzschilder und Namensstempel, auf denen gebräuchliche westliche Vornamen lautmalerisch mit Kanji geschrieben stehen. Sollte der eigene Namen nicht dabei sein, kann man dort und auch bei der Kette **Don Quijote** (S. 99) Namensstempel am Automaten herstellen lassen. Ich bevorzuge die Stempel von **Shinimonogurui** (S. 128).

Taxi fahren タクシー

In Japan gibt es mehr **Taxis** (タクシー) als in Deutschland; diese erweitern das engmaschige Netz öffentlicher Verkehrsmittel und stehen auch dann noch bereit, wenn um Mitternacht die letzten U-Bahnen und Züge bereits abgefahren sind.

Eigentlich braucht man nur am Straßenrand kurz die Hand hochzuheben, und schon steht einem innerhalb kürzester Zeit ein persönlicher Fahrer zur Verfügung. An sehr betriebsamen Orten müssen Sie zum Taxistand gehen. Der Fahrer öffnet wie von Geisterhand die linke hintere Beifahrertür mit seiner Mechanik und Sie können auf der Rückbank Platz nehmen.

Nur bei einem plötzlichen Regenschauer oder einem herannahenden Taifun gibt es einen akuten Mangel an freien Taxis, die man übrigens durch den rot beleuchteten Schriftzug [空車] erkennt. Obwohl das Taxi frei ist, kann es vorkommen, dass ein Taxifahrer bei Ausländern nicht anhält, weil er befürchtet, dass er sich nicht verständigen kann. Der Servicegedanke ist bei Taxifahrern leider nicht in allen Belangen angekommen.

Nicht alle Taxis akzeptieren Kreditkarten, daher sollten Sie insbesondere bei weiten Strecken ausreichend **Bargeld** dabeihaben. Für Kurzstrecken sind Taxis überhaupt nicht teuer und beginnen bei 400–700 ¥, nach 23 Uhr kommt ein Aufschlag von 20 % dazu. Erwarten Sie keine besonderen Ortskenntnisse beim Taxifahrer, sondern haben Sie auf einem Zettel die Zieladresse auf Japanisch dabei. Alternativ genügt dem Navi des Taxis meistens auch die Telefonnummer (S. 16). Erwarten Sie auch nicht, dass der Taxifahrer Sie in engen Gassen bis vor die Haustür fährt oder beim Beladen mit dem Gepäck behilflich ist. Trinkgeld ist in Japan generell nicht üblich, wobei ich auf der folgenden Seite von der einzigen Ausnahme zu meiner Zeit als Expat berichte.

Als ich das erste Mal mit viel Gepäck beladen von Deutschland nach Japan zurückkam, nutzte ich nicht das Taxi, sondern den orangefarbenen Airport Limousine Bus bis zu einem Hotel in Shinagawa. Dort gab es stets eine lange Schlange wartender Taxis und die Taxifahrer hofften nach entsprechender Wartezeit auf eine einträgliche Fuhre. Da kam nun ich als Ausländer mit meinen Koffern daher, um nur knappe zwei Kilometer den Berg hinauf zu meiner Wohnung gefahren zu werden. Der Fahrer drückte vorsichtig seine Zigarette zur späteren Verwendung aus, nachdem er mir sogar ganz unerwartet beim Einladen der schweren Gepäckstücke in den Kofferraum geholfen hatte. Als ich dann dem Taxifahrer die nicht allzu weit entfernte Adresse sagte, bemerkte ich, wie er seine Fassung verlor und leise etwas vor sich hin fluchte. Diese Situation konnte ich, nachdem wir nach fünfminütiger Fahrt an meiner Wohnung angekommen waren, nur noch dadurch retten, dass ich ganz bewusst gegen das ungeschriebene Gesetz verstieß: »Man gibt kein Trinkgeld in Japan«. So schob ich also die Plastikschale, auf der mir der Fahrer mein Wechselgeld von 440 ¥ überreichte, freundlich zurück und sagte »*Tabacco no okane desu*«, »Das ist Ihr Zigarettengeld«, zu ihm. Die versteinerte Miene des Taxifahrers löste sich auf und ich blickte wieder in ein freundliches Gesicht.

*www.gomap.de/**taxi***

#Tipp: Sollte Ihnen einmal etwas Ähnliches widerfahren, doch Sie wissen nicht, ob der Fahrer raucht, dann ist die richtige Floskel für das Zurückweisen des Wechselgelds »*Otsuri wa kekkō desu*«, »Bitte behalten Sie das Wechselgeld«.

Toiletten richtig benutzen トイレ

Vergleicht man Tokyo mit Berlin, ist Japan geradezu ein Paradies, was öffentliche **Toiletten** (トイレ / お手洗い / 化粧室) angeht. Sie finden dort generell in jedem **S- und U-Bahnhof** hinter den Sperren, in **Kaufhäusern** und **öffentlichen Parks** kostenlose Toiletten. Diese sind in der Regel sauber und das Reinigungspersonal wird gut bezahlt, weshalb es nicht wie oft in Deutschland um Trinkgeld betteln muss.

In großen Kaufhäusern sind die Toiletten, wenn nicht in jedem Stockwerk, dann doch zumindest im Untergeschoss und in den Stockwerken mit Restaurants. Außerdem haben alle Konbinis zumindest eine Toilette und selbst wenn Sie dort nichts einkaufen, wird man Sie nicht schräg anschauen. Abgesperrte Toiletten, bei denen man den Schlüssel nur an der Kasse bekommt, sind mir in Japan noch nicht begegnet.

In 95 % der Fälle kann man die Damen- und Herrentoiletten anhand von Farben oder Symbolen erkennen. Lediglich bei der **Kaffeekette Tsubakiya** und in ländlichen Gebieten kann es durchaus nützlich sein, wenn man folgende Kanji auseinanderhält:

男子用 oder 男性用	Männer	紳士用	Herren
女子用 oder 女性用	Frauen	婦人用	Damen

Die alten Hockklosetts gibt es noch, doch findet man meistens auch westliche Toiletten, achten Sie auf die Aufschrift 洋式 an der Kabinentür. Fehlt die westliche Toilette z. B. in einem Ryokan, müssen Sie oft nur ein anderes Stockwerk aufsuchen.

Eine japanische Erfindung sind Hightech-Washlet-Toiletten (ウォシュレット), die mit Sitzheizung – sehr angenehm im Winter – und reinigendem Wasserstrahl ausgestattet sind.

Die wichtigste Taste, um jede Funktion sofort zu stoppen:
止　Stopp

Falls Sie nur die Klospülung suchen, hier sind die Tasten:
大 oder 流す大　Spülen fürs große Geschäft
小 oder 流す小　Spülen fürs kleine Geschäft

おしり　Dusche für hinten, hellblau mit stilisiertem Hintern
ビデ　Dusche für vorne, rosa mit Frau auf einer Fontäne
マイルド oder やわらか Für eine sanfte Dusche

Oft stellt man hier die Strahlstärke 水勢 oder 洗浄強さ ein:
強 stärker　弱 schwächer

Für empfindliche Nasen und Ohren nutzt man diese Tasten:
脱臭　Gerüche entfernen
音姫　Die »Geräuschprinzessin« ***otohime*** übertönt intime Geräusche; es gibt sie meist nur auf Frauentoiletten

Häufig gibt es noch Tasten [洗浄位置], um den Strahl in alle möglichen Richtungen zu bewegen, doch empfehle ich Ihnen: Bewegen Sie Ihren Allerwertesten dorthin, wo der Strahl ist.

Einige Premiummodelle verfügen über weitere Funktionen:
マッサージ　Massage mit pulsierendem Wasserstrahl
乾燥　Föhn zum Trocknen ohne Papier

#Achtung: Weitere Knöpfe sind häufig hinter einer Klappe versteckt oder grau hinterlegt im hinteren Bereich und dienen zur Programmierung und Reinigung, daher besser Finger weg!

Schuhe wechseln 靴

Traditionelle Gasthäuser ***ryokan,*** Privathäuser und auch manche kleinere Museen dürfen mit Straßenschuhen nicht betreten werden, man bekommt Schlappen, die fast immer zu klein für westliche Füße sind. Auch in manchen Büros wechseln Mitarbeiter die **Schuhe *kutsu*** (靴). Noch heute erinnere ich mich an die peinlichen Plüschpantoffeln meines Chefs, als ich mein Praxissemester absolvierte.

Reisstrohmatten ***tatami*** dürfen im Ryokan übrigens selbst mit den Hausschuhen nicht betreten werden, man entledigt sich der Schlappen an der Stufe am Eingang.

Genauso wenig darf man die Toilette mit normalen Schlappen betreten, dafür werden besondere Toilettenschuhe bereitgestellt. Das Besondere ist nur die Farbe – meistens rot – und eine Aufschrift »toilet«, um sicherzustellen, dass man die Schuhe als solche erkennt.

#Tipp: Stellen Sie Ihre Schlappen beim Wechseln vor der Toilette so in den Weg, dass Sie diese beim Verlassen nicht übersehen können. Sonst passiert Ihnen möglicherweise das gleiche Missgeschick, das mir beim ersten Besuch in einem Privathaus widerfuhr: Beim Verlassen der Toilette vergaß ich, die Schuhe wieder zu wechseln, und stand plötzlich in Toilettenschuhen im Wohnzimmer meiner Gastgeber.

Samurai-Level

Die **Samurai** (侍) spielten als Kriegsadel eine wichtige Rolle in der Feudalzeit. Auf diesem Level möchte ich Sie bei einigen Dingen unterstützen, die Sie sich sonst vielleicht nicht trauen würden. Zeigen Sie heldenhafte Tapferkeit wie ein Samurai!

Führerschein übersetzen 運転免許証

Die meisten Orte in Japan erreicht man bequem mit öffentlichen Verkehrsmitteln und in den großen Städten wie Tokyo, Osaka und Nagoya ist ein Auto eher hinderlich – fast überall sind Sie mit der U- oder S-Bahn schneller. Außerdem ist das Parken relativ teuer, denn Parken am Straßenrand gibt es in den Städten nicht. Wenn man nicht gerade zu einem Restaurant oder Geschäft mit eigenem Kundenparkplatz fährt, muss man überall kostenpflichtig parken. Nur wenn ich für ein paar Tage zum Wandern weit außerhalb in ländliche Gebiete fahre oder ein abgelegenes Onsen besuchen möchte, zu dem nur einmal am Tag ein Bus fährt, buche ich mir rechtzeitig vorab einen Mietwagen.
Bei der Reisevorbereitung ist zu beachten, dass in Japan für Deutsche und Schweizer weder allein der nationale noch der internationale Führerschein gültig ist, sondern nur der nationale Führerschein zusammen mit einer Übersetzung und dem Reisepass. Für Österreicher reicht übrigens der Reisepass mit dem internationalen Führerschein.
Wenn Sie nur kurz in Japan sind oder Ihre Zeit vor Ort nicht vergeuden wollen, dann empfehle ich, für die Übersetzung des Führerscheins den Service von **Japan Experience.** Dazu müssen Sie mindestens vier Wochen vor Ihrer Abreise einen Scan des Führerscheins an Japan Experience schicken. Der Preis für den Service beträgt aktuell 65 €. Die Alternative dazu ist, vor Ort in Japan ein Büro des japanischen ADAC zu besuchen: Die **Japan Automobile Federation (JAF)** fertigt Ihnen für aktuell 3.000 ¥ eine Übersetzung an. Das Ganze habe ich bei meinem letzten Besuch in Tokyo getestet. Gleich am Morgen um 9 Uhr bin ich zur JAF gegangen. Das Büro liegt ungefähr zehn Minuten vom

JR-Bahnhof Hamamatsuchō oder fünf Minuten Fußweg von der U-Bahn-Station Daimon entfernt. Ohne Wartezeit konnte ich dort zum Schalter und gab das Antragsformular, das ich schon zu Hause von der Website heruntergeladen, ausgedruckt und ausgefüllt hatte, zusammen mit dem Führerschein ab. Nachdem eine Kopie meines Führerscheins angefertigt worden war, erhielt ich diesen zurück und mir wurde gesagt, dass ich meine Führerscheinübersetzung zwei Stunden später abholen könnte. Die Wartezeit überbrücken Sie durch einen Besuch des nahen Zōjōji-Tempels, Tokyo Towers und weiterer Highlights. Eine genaue Beschreibung dieser und 37 weiterer Touren finden Sie übrigens in meinem Buch »**Labyrinth Tokio**«.
Büros des JAFs gibt es in jeder größeren Stadt; wie in Tokyo können Sie auch in Osaka, Sapporo, Hiroshima, Fukuoka, Nagasaki und Okinawa die Übersetzung noch am selben Tag abholen. Beachten Sie, dass im Büro in Kyoto die Übersetzung nicht am gleichen Tag erhältlich ist, denn im gesamten Kansai-Gebiet wird nur zentral in Osaka übersetzt.
*www.gomap.de/**fhrs***

#Tipp: Ich reserviere Mietwagen bei Reisen in ländliche Gebiete immer ab einem Bahnhof mit Mietwagenstation, der dem Zielort möglichst nahe liegt, aber trotzdem von Tokyo aus mit dem Schnellzug gut erreichbar ist. Aufgrund der hohen Autobahngebühren und der Geschwindigkeitsbeschränkung hat es wenig Sinn, bei weiten Strecken schon in Tokyo oder Osaka mit dem Auto zu starten. Außerdem vermeiden Sie so, unangenehme Erfahrungen mit dem Linksverkehr in einer Großstadt zu machen.

Autos reservieren und fahren 車

Den Führerschein zu übersetzen war einfach, jetzt brauchen Sie ein **Auto** ***kuruma*** (車). Mietwagenanbieter mit Reservierung auf Englisch und vielen Stationen sind **Nippon Rent a Car** sowie die Mietwagentöchter der Hersteller **Toyota** und **Nissan.** Falls Sie keinen Japan Rail Pass haben und eine längere Zugfahrt planen, lohnt manchmal **JR Rent-A-Car**, denn als Mietwagenkunde bekommen Sie beim Kauf am Bahnhof 20 % Rabatt auf den Fahrkartengrundpreis.
An den Mietwagenstationen in ländlichen Gebieten wird man selten Englisch sprechende Angestellte antreffen, überwiegend behilft man sich mit zweisprachigen »**Check Sheets**«, die man unterschreiben muss. Ohne Ihren Originalführerschein, die Übersetzung und den Reisepass geht gar nichts. Meistens müssen Sie eine Adresse und Telefonnummer in Japan angeben, verwenden Sie hier die Daten Ihres Hotels. Falls Sie öfters Dinge im Mietwagen vergessen, verwenden Sie besser Adresse und Telefonnummer des Hotels, in dem Sie nach Abgabe des Mietwagens sein werden.
Es gibt die üblichen Angebote, für eine relative hohe Zusatzgebühr die Selbstbeteiligung bei Schäden (häufig 100.000 ¥) zu reduzieren. Entscheiden Sie bei der langen Liste von Ausnahmen im Kleingedruckten, ob es für Sie persönlich sinnvoll ist. Falls Sie einen Strafzettel wegen Falschparkens erhalten haben, sollten Sie ihn besser selbst bei der nächsten Polizeidienststelle begleichen, denn Mietwagenfirmen berechnen üblicherweise sehr hohe Pauschalen dafür! An das Fahren auf der linken Straßenseite gewöhnt man sich relativ schnell, und da es nur Automatikschaltung gibt, entlastet das weniger geübte Fahrer.

Scheibenwischer und Blinkerhebel sind von den Seiten her vertauscht, daher werden Sie am Anfang öfters mal beim Abbiegen die Frontscheibe wischen. Meine erste große Hürde war, das Auto auf dem Parkplatz abzustellen, weil es mir erst nicht gelang, den Schlüssel aus dem Zündschloss zu ziehen. Wie ich herausfand, geht das bei einem Toyota Vitz nur, indem man nach dem Drehen auf das Zündschloss drückt.
Navis in Mietwagen haben zwar oft auch eine englische Sprachausgabe, doch sind die Menüs in den meisten Fällen nur auf Japanisch. Die wichtigste Taste, mit der man immer auf das Hauptmenü kommt: [メニュー]. Adressen auf Japanisch einzugeben ist schwierig, aber dafür gibt es ein Feature, mit der Telefonnummer Sehenswürdigkeiten, Hotels und Restaurants zu finden. Beachten Sie also bei den Reisevorbereitungen, dass Sie die Nummern notieren. Den Menüpunkt für die Eingabe der Telefonnummer [電話番号] erkennen Sie auch am Telefonsymbol. Die Höchstgeschwindigkeit auf Landstraßen liegt zwischen 50 und 60 km/h, auf Autobahnen zwischen 80 und 100 km/h, wobei viele Japaner circa 10–20 km/h schneller fahren als erlaubt. Sie sollten sich das allerdings nur dann wagen, wenn Sie sich sicher sind, die Blitzer rechtzeitig zu erkennen.
*www.gomap.de/**cars***

#Tipp: Vergleichen Sie die Preise und buchen gegebenenfalls **Nissan Rent a Car** günstiger über **Japan Experience**.
Nissan garantiert als einzige Firma auf Wunsch ein GPS-Gerät in englischer Sprache.

Die Etikette wahren 気配り

Ganze Bücher füllt das weite Thema der japanischen Etikette. Um zu verstehen, wie das Zusammenleben in Japan funktioniert, fasse ich hier **wichtige Regeln** zusammen. Sie werden merken, dass die **gegenseitige Rücksichtnahme** ***kikubari*** (**気配り**) im Alltag stärker ausgeprägt ist als in Deutschland. Regeln wie rote Ampeln beachten, auf Rolltreppen links stehen und rechts gehen, im Zug das Telefon auf Vibration umstellen und nicht telefonieren, in der Öffentlichkeit nicht laut sprechen, kein aufdringliches Parfüm tragen, immer eine korrekte Warteschlange bilden und nicht vordrängeln werden von allen respektiert und streng beachtet.

Man konzentriert sich selbstlos auf das Bedürfnis der anderen und stellt seine Ansprüche hinten an, um die **Harmonie** innerhalb der Gruppe nicht zu gefährden. Pünktlichkeit ist daher äußerst wichtig und bedeutet, dass man meistens 5–10 Minuten vor der vereinbarten Zeit erscheint. Das ist auch ein üblicher, notwendiger Puffer bei öffentlichen Verkehrsmitteln, falls man doch einmal eine U-Bahn beim Umsteigen verpasst.

Aus Rücksicht, um andere nicht anzustecken, tragen viele bei einer Grippe oder Erkältung einen Mundschutz in der Öffentlichkeit, im Frühjahr und Sommer sind es aber oft auch Pollenallergiker, die den Mundschutz als Pollenfilter nutzen.

Zur **Begrüßung** und zum **Abschied** gibt man sich nicht die Hand, sondern verneigt sich. Je tiefer die Verbeugung, umso höflicher. Selbst für Japaner, die sich das erste Mal treffen, ist es daher schwierig, die korrekte Tiefe der Verbeugung abzuschätzen. Als Tourist wird nicht von Ihnen erwartet, dass Sie sich verbeugen, machen Sie es einfach, wie Sie denken. Manchmal werden weltoffene Japaner ihre Hand zur Begrüßung reichen.

Es kann hilfreich sein, genug **Visitenkarten** mit sich zu führen und diese bei wichtigen Begegnungen auszutauschen, dazu verwenden Sie immer beide Hände gleichzeitig. Stecken Sie die erhaltene Visitenkarte nicht einfach in die Hosentasche oder schreiben in Gegenwart Ihres Gegenübers etwas darauf, am besten betrachten Sie die Karte eine Weile. Enger **Körperkontakt** in der Öffentlichkeit ist unüblich – Liebespaare küssen sich dort nie und halten selten Händchen. Das Essen ist in Japan so wichtig, dass man nicht einfach nebenbei beim Gehen oder in öffentlichen Verkehrsmitteln isst, Ausnahme sind Feste ***matsuri*** (**祭り**) und Shinkansen (S. 88). Vielleicht wundern Sie sich, dass man in Japan überall die Nase hochzieht. Das laute **Schnäuzen** der Nase ist verpönt, während das Hochziehen normal ist. Dies beginnt sich zu ändern, und junge Japaner versuchen jetzt eher, sich diskret die Nase zu putzen. Wenn Sie also nicht gerade lautstark die Nase schnäuzen, wird niemand ein Problem haben.

#Tipp: Keine Regel ohne Ausnahme: In der Kansai-Region steht man auf **Rolltreppen** auf der rechten Seite und geht links. Man erzählt sich, das käme daher, weil früher die Kaufleute in Osaka ihren Geldbeutel auf der rechten Seite schützen wollten, während die Samurai in Tokyo ihr Schwert links trugen und mit der rechten Hand zogen. Natürlich gab es früher keine Rolltreppen, aber die Regel gilt gleichermaßen beim Gehen auf Bürgersteigen. Tatsächlich ist es aber so, dass man sich zur Expo 1970 in Osaka international geben wollte und diese Regel kurzerhand einführte, die sich so bis heute hielt. Eigentlich versucht man inzwischen, das Gehen auf Rolltreppen wegen der Unfallgefahr zu verbieten, diese recht neue Regel befolgt aber keiner.

Regeln fürs Fotografieren 写真

Japaner machen auf Reisen gerne **Fotos *shashin*** (写真), das ist allgemein bekannt, und den meisten Touristen geht es in Japan ebenso. Möchten Sie einzelne Personen fotografieren, sollten Sie sich vorher immer zu erkennen geben und fragen, ob es in Ordnung ist. Neben dieser weltweit etablierten Regel gibt es beim Fotografieren in Japan Weiteres zu beachten:

Fotos von großen Menschenansammlungen wie die berühmte Shibuya-Kreuzung in Tokyo sind als Fotomotiv sehr beliebt, achten Sie aber darauf, dass **Gesichter von Personen** im Vordergrund nicht groß und klar erkennbar sind, falls Sie ein solches Foto auch veröffentlichen wollen. Ist ein fremdgehendes Paar darauf erkennbar, können Sie nach japanischem Recht auf Schadensersatz verklagt werden, falls es deswegen zur Scheidung käme. Zugegeben sehr unwahrscheinlich, aber es hat solche Fälle wohl schon gegeben. Fotografieren Sie nicht mit einem **Teleobjektiv** auf Kinder oder nackte Beine einer Frau, das könnte man sonst als Voyeurismus auslegen. Wer **Handyfotos** ohne ein hörbares Auslösegeräusch macht, wird vielleicht als Spanner betrachtet. Japanische Prominente können Sie in der Öffentlichkeit zwar fotografieren, doch ist eine Veröffentlichung ohne Erlaubnis generell verboten. Das ist schlecht für Paparazzi und gut für die Persönlichkeitsrechte. In Gegenden mit besonders vielen Touristen, in Museen, Schreinen und Tempeln achten Sie auf **Verbotsschilder.** Manchmal gibt es generelle Verbote, oft darf nur kein Blitz verwendet werden, und bei hohem Menschenaufkommen wie z. B. zu Neujahr am Meiji-Schrein oder auf Bahnsteigen sind **Selfie-Stangen** streng verboten. Auf dem Gelände des Meiji-Schreins dürfen übrigens Stative nicht verwendet werden. Das **Personal** von Imbiss- und Souvenirständen möchte verständlicherweise nicht den ganzen Tag von tausenden

Touristen fotografiert werden. Wenn Sie aber unbedingt ein Foto machen wollen, gibt es einen einfachen Weg: Kaufen Sie dort etwas und fragen nach dem Bezahlen freundlich, ob Sie ein Foto machen dürfen: »*Shashin o tottemo ī desu ka?*« Bisher wurde ich an fast keinem Stand abgewiesen.

Frauen in Dienstmädchenuniform, die z. B. Werbung für ein Maid Café verteilen, möchten generell nicht fotografiert werden, egal ob Sie fragen oder nicht. Als ich vor vielen Jahren auf der Straße in Akihabara Fotos machte, wurde eine solche Maid plötzlich ziemlich rabiat, weil sie dachte, ich hätte ein Foto von ihr gemacht. Sie bestand darauf, dass ich ihr die gemachten Fotos auf dem Display zeige und gegebenenfalls lösche. Selbst in Maid Cafés ist das Fotografieren von Personen verboten; für einen geringen Geldbetrag können Sie sich aber mit einer Maid Ihrer Wahl auf Polaroid ablichten lassen.

Nach so vielen Verboten ein paar Hinweise, was erlaubt ist:

In **Restaurants** darf das Essen fotografiert werden, soweit andere Gäste nicht mit auf dem Bild sind. Straßenkünstler haben in den meisten Fällen nichts gegen ein Foto, ausgenommen **Cosplayer,** hier sollten Sie immer nachfragen. Manche Cosplayer in Harajuku freuen sich über ein Foto, andere lehnen es strikt ab und sind von den vielen Touristen so genervt, dass sie ein Schild »No photo« gleich dabeihaben.

#Tipp: Im Tempelbezirk von Asakusa in Tokyo oder am Fushimi-Inari-Schrein in Kyoto sind viele Frauen in traditionellen Gewändern nicht etwa Japanerinnen, sondern asiatische Touristinnen. Manche lassen sich von Fremden ablichten, andere haben es sehr eilig, weil die Verleihfrist ihres Kimonos bald abläuft oder ihr Reisebus bereits wartet.

Im Sentō baden 銭湯

In öffentlichen Badehäusern ***sentō*** (銭湯) oder Heilquellen ***onsen*** (温泉) gibt es einige Regeln zu beachten, die von unseren abweichen. Trotzdem sollten Sie sich den Besuch eines traditionellen öffentlichen Bades nicht entgehen lassen. Diese gab es früher in jeder Nachbarschaft, denn nur Wenige hatten den Luxus eines eigenen Bades. Zwar gibt es in letzter Zeit eine Wiederbelebung dieser Badekultur, doch werden es weiterhin eher weniger Badehäuser, weil sich oft keine Nachfolger finden. So ist das bekannte **Koshino-yu** in Azabu-Jūban heute verschwunden, das nahe gelegene Badehaus **Takeno-yu** wurde nach einer Schließung inzwischen zum Glück wiedereröffnet.

Am Bestandteil **yu** (ゆ) im Namen können Sie Bäder gut erkennen. Die meisten Sentō öffnen am späten Nachmittag, und so ging ich gegen 16 Uhr ins **Takeno-yu.** Der Straßenschuhe entledigte ich mich gleich am Eingang und deponierte diese im Schließfach. Dort gibt es auch große Schließfächer, wo ich meine schwere Fototasche unterbrachte. Am Counter erfuhr ich jedoch, dass diese Schließfächer nur für Schuhe gedacht sind – die großen für Stiefel – und jeder Gast nur eines nutzen darf. Also holte ich meine Fototasche wieder aus dem Schließfach, bezahlte die Eintrittsgebühr von 460¥ und lieh mir ein kleines Handtuch für 50¥ (großes Handtuch 200¥). In der Umkleidekabine gibt es wiederum Schließfächer, wo man seine Tasche, Wertsachen und die komplette Kleidung deponiert. Wer lange Haare hat, bindet diese besser zusammen oder steckt sie hoch. Ein Sentō betritt man textilfrei, wobei man das Handtuch zum Bedecken der Schamgegend benutzen darf. Die Bäder sind üblicherweise nach Geschlechtern getrennt, nur Außenbäder ***rotenburo*** (露天風呂) in ländlichen Gebieten sind gelegentlich gemischt.

Das Wichtigste beim japanischen Bad ist, dass man sich wäscht, bevor man in die Wasserbecken steigt. Dazu nimmt man am Eingang einen Schemel und seift sich im Sitzen, nicht im Stehen, ein. Es gibt Wasserhähne und Spiegel an der Wand und jedem stehen Duschgel, Haarshampoo, Conditioner, Rasierschaum und Einwegrasierer zur Verfügung. Bottiche dienen dazu, sich das Wasser in der gewünschten Temperatur zu mischen und sich damit zu übergießen, um die Seife abzuspülen. Man kann dazu auch den Duschkopf verwenden, sollte aber aufpassen, dass man mit dem Wasserstrahl nicht andere vollspritzt. Das kleine Handtuch nimmt man auch zum Waschen, es darf aber nie ins Wasser des Beckens. Legen Sie es entweder am Beckenrand oder auf dem Kopf ab. Die Temperatur der Becken ist heißer als bei uns üblich, daher empfehle ich, sich entweder langsam daran zu gewöhnen, indem man sich draußen mit dem heißen Wasser aus der Schüssel übergießt oder ganz vorsichtig eintaucht. Der Aufenthalt im Bad ist Entspannung pur. Schließen Sie die Augen und lauschen der Stille. Vor Rückkehr in die Umkleidekabine trocknet man sich, so gut es geht, ab, um den Boden in der Umkleidekabine nicht nass zu machen.

#Tipp: **Tattoos** sind in japanischen Bädern oft tabu. Falls Sie nur ein kleines Tattoo haben, fragen Sie nicht, sondern kleben es einfach mit einem wasserfesten Heftpflaster oder Kinesio-Tape ab. Bei größeren Tattoos müssen Sie ein Bad besuchen, das Tätowierungen erlaubt. Sie finden diese über die Website der Organisation »**Tattoo Friendly**«.
*www.gomap.de/**snto***

Gesten verstehen 仕草

Die Gestik in Japan unterscheidet sich in einigen Punkten von der unsrigen, weshalb es leicht zu Missverständnissen kommen kann. Die größte Verwirrung für mich am Anfang meines ersten Japanaufenthalts war, wenn mich mein Chef bat, zu ihm zu kommen. Dazu streckte er die Hand nach vorne und wedelte mit der flachen Handfläche auf und ab. Das sah für mich dann so aus, als wolle er mich wegscheuchen oder mir zur Verabschiedung zuwinken.

Besonders bei älteren Herren ist es beliebt, bei größeren Menschenansammlungen mit gebeugtem Arm die flache Hand vor dem Gesicht zu bewegen. Es sieht aus, als wolle man sich mit dem Samuraischwert einen Weg durch das Unterholz schlagen – genau darum geht es, denn es erspart einem die Worte »*Sumimasen*«, »Entschuldigung, dürfte ich bitte vorbeigehen?«.

Während man in Deutschland mit einem »**X**« in Formularen etwas ankreuzt, verwendet man in Japan oft ein »**O**«. In Japan steht ein »**X**« auch für »falsch« und ein »**O**« für »richtig«. Entsprechende Zeichen macht man auch mit Finger oder Armen. Falls Sie also jemanden sehen, der Ihnen mit gekreuzten Unterarmen vor der Brust ein Zeichen gibt, dann machen Sie gerade etwas Verbotenes und hören besser damit auf.

Zustimmung drücken Japaner auch durch ein Kopfnicken aus, wie jedes »Ja« kann es aber auch nur bedeuten, dass man es akustisch verstanden hat. Eine **Verneinung** wird durch ein hektisches Wedeln der Hand vor dem Kopf verdeutlicht. Das bei uns verbreitete Ok-Zeichen, bei dem aus Zeigefinger und Daumen ein Kreis geformt wird, benutzen manche Jugendliche. Sagen Sie dazu nichts und zeigt die Handfläche nach oben, ist es ein unhöfliches Zeichen für Geld und könnte missverstanden werden.

Um zu verdeutlichen, dass man sich selbst ***watashi*** meint, berührt man üblicherweise mit dem Zeigefinger seine Nase. Möchte jemand verdeutlichen, dass es um Sie ***anata*** geht, dann zeigt er mit der flachen Hand auf Sie. Mit dem Finger auf andere Personen zu zeigen, ist in Japan unanständig und zeugt von schlechten Manieren. Eine Richtungsanweisung, wie »**Bitte hier entlang**«, gibt man üblicherweise mit dem ausgestreckten Arm und flacher Hand nach oben.
Das bei uns bekannte **Victory-Zeichen** hat wenig mit einer Siegerpose zu tun, sondern wird sehr oft verwendet, wenn man mit Freunden für ein Erinnerungsfoto posiert, es bedeutet »**Peace**«. Falls das Zeichen beim Betreten eines Restaurants gezeigt wird, wünscht man sich damit Platz für zwei Personen. Für Gruppen bis zehn Personen lesen Sie bitte unten weiter.

#Tipp: Das **Anzeigen** und **Zählen** mithilfe der Hand unterscheidet sich in Japan. Zur Kommunikation mit anderen, um z. B. eine bestimmte Anzahl an Getränken zu bestellen, wird folgendes System verwendet: Man dreht die Handfläche nach außen und zeigt eine bestimmte Anzahl Finger, wobei man aber die **Zahl eins** mit dem Zeigefinger anzeigt und die **Zahl zwei** mit Zeige- und Mittelfinger. Für die **Zahl sechs** legt man den Zeigefinger der einen Hand auf die flache andere Hand und kann so bis zur **Zahl neun** anzeigen. Die **Zahl zehn** zeigt man wie bei uns mit zwei flachen Händen an. Wenn ein Japaner für sich selbst zählt, dann verwendet er dazu nur eine Hand. Er beginnt mit geöffneter Hand zu zählen und klappt nacheinander Daumen, Zeigefinger usw. ein, ab der Zahl sechs wird dann ab dem kleinen Finger wieder aufgeklappt.

Türen öffnen ドア

Auch das Öffnen einer einfachen **Tür** ***doa*** (ドア) in einem Restaurant oder kleinen Laden kann in Japan eine Herausforderung darstellen. Bei großen Kaufhäusern und Restaurantketten ist es überhaupt kein Problem, überwiegend gibt es automatische Türen, die – bis auf wenige Ausnahmen – so schnell öffnen, dass man bei normaler Laufgeschwindigkeit nicht gegen die Glasscheibe läuft. Bei traditionellen alten Häusern und kleineren Restaurants gibt es oft **Schiebetüren,** die man von Hand zur Seite schieben muss. Diese erkennt man am fehlenden Türgriff, es gibt nämlich nur eine Mulde für die Finger. Das eigentliche Problem sind Schiebetüren, die wie normale Türen bei uns aussehen. Meistens sind es Glastüren mit Alurahmen und einem großen Griff.

Bei meiner letzten Japanreise ist es mir wieder passiert: Ich drücke und ziehe am Griff – nichts passiert. Dann probiere ich es etwas stärker, vielleicht ist die Tür nur etwas schwergängig. Irgendwann bemerkt mich innen die Restaurantangestellte und schiebt – freundlich lächelnd – die Tür zur Seite.

#Tipp: Bevor Sie eine vermeintlich offene Tür, die aber tatsächlich verschlossen ist, aus den Angeln heben, hier die zwei wichtigsten Schilder, die Ihnen anzeigen, ob ein Laden oder Restaurant gerade geöffnet oder geschlossen hat:

営業中 oder 商い中	offen
準備中	geschlossen

Eine Besonderheit gibt es übrigens bei einigen Türen von **Toilettenkabinen** zu beachten. Bei alten Holztüren und selbst manch moderner Designer-Toilette gibt es oft keine Besetzt-Anzeige, man sieht auch kein Schloss von außen. Wenn man unsicher ist, ob eine Kabine besetzt ist oder nicht, klopft man einfach zweimal an die Tür, und falls sich dahinter eine Person befindet, klopft sie ebenso zweimal von innen gegen die Tür, um zu signalisieren: Ja, es ist besetzt!

Die Unwissenheit über diese Etikette wurde dem Vorstandsmitglied eines großen Konzerns aus dem Stuttgarter Raum zum Verhängnis. In einem teuren Restaurant befand er sich auf einem traditionellen Hock-Klo, dessen Schließmechanismus klemmte, weshalb er die Tür zuhalten musste. Dann klopfte es von außen an der Tür – auch das noch! Also noch fester zuhalten und möglichst leise das Geschäft verrichten, dachte sich der mit den japanischen Gepflogenheiten nicht vertraute Manager. Der japanische Stammgast kannte die klemmende Tür und lief daher nach kurzem Warten mit etwas Anlauf dagegen. Den unschönen Ausgang des großen Geschäfts kann sich wohl jeder ausmalen und die geplante Kooperation stand nach dieser ungewöhnlichen Begegnung auch unter keinem guten Stern mehr.

Bus fahren　バス

Mit dem Busfahren beginnt man besser in einer Großstadt wie **Tokyo**. Sobald Sie die Haltestelle gefunden haben und **vorne** in den **Bus** ***basu*** (バス) mit der korrekten Nummer eingestiegen sind, müssen Sie gleich beim Einsteigen den Fahrpreis von 210 ¥ bezahlen, der unabhängig von der Strecke immer gleich ist. Man zahlt städtische Busse entweder mit einer Prepaidkarte (S. 26) oder in bar, wobei der Automat beim Busfahrer höchstens einen 1.000-¥-Schein wechselt. An der Zielhaltestelle steigen Sie hinten wieder aus, ohne dass Sie Ihre Prepaidkarte dafür brauchen, was sich von Fahrten mit anderen Bussen und bei S-/U-Bahnen unterscheidet. In den meisten anderen Städten wie z. B. **Kyoto** oder **Osaka** steigt man übrigens hinten ein und zahlt erst beim Verlassen vorne beim Fahrer. Zwischenzeitlich führte man in Kyoto auf stark von Touristen benutzten Routen die gleiche Regelung wie in Tokyo ein (Pauschalpreis 230 ¥).

An den Komfort beim Busfahren in Tokyo gewöhnt, besuchte ich im Herbst Hiraizumi in der Präfektur Iwate und brachte dabei einen Busfahrer schier zur Weißglut. Korrekterweise stieg ich bei diesem Bus hinten ein und zog mir aus dem Automaten einen **kleinen Zettel mit Nummer**, denn der Fahrpreis ist außerhalb der Stadt von der Entfernung abhängig und wird auf einem Zifferndisplay für jede Nummer hochgezählt. Beim Aussteigen vorne gibt es dann beim Busfahrer einen großen Einwurfschlitz aus Plexiglas, dort machte ich es den anderen Passagieren vor mir nach und warf den kleinen Zettel zusammen mit meinem Geld ein, das darunter auf ein kleines Förderband fiel. Was ich nicht wusste: Das Geld darf nur genau passend eingeworfen werden, weshalb der Busfahrer verärgert sein Gerät zerlegte, um mein Geld wieder zu entnehmen und mir mein korrektes Wechselgeld zu geben.

Durch einen Zufall saß bei der späteren Rückfahrt wieder der gleiche Busfahrer hinter dem Steuer und ich gelobte, jetzt den richtigen Geldeinwurf zu verwenden. Es gab nämlich einen weiteren kleinen Münzschlitz und genau dort warf ich beim Fahrpreis von 260¥ drei einzelne 100-¥-Münzen und hoffte auf Wechselgeld von 40¥. Doch zu meiner Überraschung kamen Unmengen an Kleingeld ratternd aus der Maschine: Drei 50-¥- und 15 10-¥-Münzen lagen in der Auswurfschale. Der Schlitz ist nämlich nur dazu da, um Geld klein zu wechseln (500¥ oder 100¥), ein weiterer Schlitz ist für 1.000-¥-Scheine. Das Geld muss immer exakt passend bezahlt werden, im Zweifelsfall genießen Sie den Ausländerbonus und halten dem Busfahrer einfach eine Handvoll Münzen zur Selbstbedienung entgegen. Wenn ich in ein paar Jahren wiederkomme, hoffe ich, dass die alten Busse auch mit kontaktlosen Lesegeräten ausgerüstet sind wie Linienbusse in Hakone: Einfach sowohl beim Einsteigen als auch beim Aussteigen einmal kurz mit der Prepaidkarte die Fläche berühren und fertig. Genug Geld muss man natürlich vorher aufgeladen haben.

#Tipp: Falls Sie an einem Tag in Tokyo mehr als zwei Busfahrten planen, lohnt sich ein Tagesticket »**Ichinichi Jōshaken**« für 500¥. Mit Bargeld geht das nur am Ticketschalter, mit einer Prepaidkarte sagen Sie beim Betreten des Busses »*Ichinichi jōshaken o-negai shimasu*« und berühren nach Aufforderung die Markierung. Ab dann können Sie den ganzen Tag zur Flatrate alle städtischen Busse nutzen.
www.gomap.de/tbus

Koffer verschicken 宅急便

Bereits 1993 nach meinem ersten Flug nach Japan lernte ich den viel genutzten **Gepäcklieferservice *takkyūbin*** (宅急便) für das Versenden von **Gepäck *nimotsu*** (荷物) kennen. Am Flughafen Narita empfing mich eine Mitarbeiterin der Personalabteilung der Firma, bei der ich mein sechsmonatiges Praxissemester absolvieren sollte. Nach der Begrüßung war der erste Gang zu einem Schalter, wo einige Formulare ausgefüllt und mein großer Koffer aufgegeben wurden. Die Reise vom Flughafen mit verschiedenen Zügen und Umsteigen bis in eine Kleinstadt in der Präfektur Saitama wäre mit dem schweren Koffer tatsächlich schwierig geworden. Am nächsten Vormittag wurde der Koffer direkt zu meinem neu bezogenen Apartment geliefert.
Falls Sie nicht gerade den **Airport Limousine Bus** direkt zum Hotel nutzen oder sich zutrauen, mit **öffentlichen Verkehrsmitteln** in die Stadt zu fahren, dann ist der Service sehr hilfreich. Großes Gepäck in der U- oder S-Bahn ist nur am Wochenende und außerhalb der Rushhour zumutbar.
Wenn man viel in Japan herumreist, dann ist das mit einem kleineren Koffer oder Rucksack am einfachsten, denn die kann man auch im Shinkansen noch in die Ablage legen und hat das Gepäck griffbereit. Falls Sie mit schwerem Gepäck reisen, sollten Sie beachten, dass viele ältere oder ländliche Bahnhöfe selbst im modernen ÖPNV-Land Japan noch keinen Fahrstuhl haben. Sind bei längeren Reisen große Gepäckstücke nicht zu vermeiden, dann lagere ich diese für kürzere Ausflüge im letzten Hotel ein oder benutze ein **Schließfach** am Bahnhof, was aber maximal für ein bzw. drei Tage an sehr großen Bahnhöfen möglich ist. Neuere Schließfächer funktionieren bereits mit Prepaidkarten (S. 26) für öffentliche Verkehrsmittel, bei älteren Schließfächern benötigen Sie 100-¥-Münzen.

Kommt man nicht mehr an seinen Ursprungsort zurück, dann kann man einen großen Koffer mit dem Gepäcklieferservice genauso von Hotel zu Hotel transportieren lassen wie vom Flughafen auch. Sollte ein preiswertes Hotel diesen Service nicht anbieten, dann nutzen Sie den nächsten **Konbini** (S. 56) zur Gepäckaufgabe. Die Firma **Kuroneko Yamato** erkennen Sie übrigens an dem Logo mit einer schwarzen Katze, die ihr Junges trägt. »Kuroneko« bedeutet schwarze Katze und »Yamato« ist der Firmenname. Yamato ist der größte Anbieter für diesen Service, es gibt aber auch andere Firmen wie z. B. **Sagawa Express.**
Auch für den Rückflug kann man den Gepäcklieferservice nutzen, dann sollte man das Gepäck aber mindestens zwei Tage vor dem Abflug vom Hotel losschicken. Von Hotel zu Hotel klappt der Versand aber meistens innerhalb eines Tages.
*www.gomap.de/**gpkt***

#Tipp: Um den Gepäcklieferservice für Touristen einfacher zu machen, wurde der Service »**Luggage-Free Travel**« eingeführt. Dank vorheriger Online-Registrierung entfällt der zeitraubende und lästige Papierkram für den Koffertransport zum Hotel. Bei einer Abgabestelle am Flughafen zeigen Sie lediglich einen QR-Code auf Ihrem Smartphone. Der Service steht seit 2018 an den Flughäfen Narita, Haneda, Kansai and Chūbu zur Verfügung und kostet 2.700 ¥ für einen großen Koffer bis 25 kg bzw. 2.160 ¥ für einen kleinen Koffer bis 15 kg.

Im Zug schmausen 弁当

Weiter vorne schrieb ich, dass man in öffentlichen Verkehrsmitteln nicht isst. Nun, es gibt eine große Ausnahme, und das sind Fahrten mit dem Schnellzug **Shinkansen** und längere Zugfahrten zu Touristenorten wie z. B. Nikko. Im Shinkansen hat man selbst in der 2. Klasse genügend Platz mit ausreichend Abstand zum Nachbarn, sodass man die Zugfahrt durchaus als etwas Privates betrachtet und sich daher auch so verhalten darf. Also warum nicht die Schuhe ausziehen und genüsslich ein Nickerchen machen? Oder am Bahnhof für alle Kollegen Trockenfisch, Dörrfleisch und Dosenbier kaufen, damit man auf der Rückfahrt von einem Kundenbesuch auf den erfolgreichen Vertragsabschluss anstoßen kann? All das habe ich bei meinen vielen Fahrten in Japan schon erlebt und auch praktiziert. Zur Standardausrüstung eines Japaners gehört aber mindestens eine **Bentō** (弁当) genannte Lunchbox mit einer Flasche Grüntee. Daher rate ich Ihnen, bei längeren Zugfahrten rechtzeitig loszugehen, um am Bahnhof noch etwas Zeit für den Kauf eines Bahnhofs-Bentō **Eki-ben** (駅弁) zu haben.
Am Hauptbahnhof Tokyo ist die Auswahl riesig, weshalb ich vor Abfahrt meines Shinkansen immer circa 15 Minuten extra einplane. Sollte die Zeit nicht reichen, bekommen Sie im Tōkaidō-Shinkansen Bentōs, Snacks und Getränke, allerdings nur im *Hikari* und *Nozomi,* nicht im langsamen *Kodama.* Der Kaffee schmeckt aber leider auch nicht besser als bei der Deutschen Bahn, dafür bedient man Sie auch in der 2. Klasse immer direkt am Sitzplatz.

#Tipp: Falls Sie morgens nach **Nikko** fahren, rate ich Ihnen, Frühstück, Bentō oder Getränke in einem Konbini (S. 56) zu kaufen. Die Auswahl am Bahnhof Tōbu-Asakusa ist leider begrenzt und im Zug selbst gibt es keinen Service.

Ninja-Level

Die Elitekämpfer der Feudalzeit hießen **Ninja** (忍者) und agierten hauptsächlich im Verborgenen. Mit dem auf diesem Level erworbenen Wissen verhalten Sie sich schon fast wie ein echter Japaner.

Karaoke-Box mieten カラオケボックス

Karaoke (カラオケ) bedeutet übersetzt so viel wie leeres Orchester und geht auf den Musiker und Tüftler Daisuke Inoue aus Kōbe zurück, der 1971 begann, Kassetten ohne Gesangsspur zu verkaufen. Es ist eine der beliebtesten Freizeitbeschäftigungen der Japaner. Mit Freunden oder Kollegen mietet man sich stundenweise eine **Karaoke-Box** (カラオケボックス), um dort bei Bier und Gesang den ganzen Bürostress zu vergessen. Zwei große Ketten, die in ganz Japan verbreitet sind und sich meistens in Bahnhofsnähe befinden, heißen **Karaokekan** und **Big Echo.** Nur in Tokyo und Umgebung gibt es die bei Schülern und Studenten beliebte Kette **Utahiroba,** da im günstigen Preis sogar die »Softdrink-Bar« enthalten ist. Neben Softdrinks können Sie dort auch Kaffee, Tee und Suppe selbst holen. Damit sparen Sie nicht nur Geld, sondern umgehen auch die schwierige Kommunikation bei der Bestellung.

Die meisten Etablissements öffnen vormittags um 11 Uhr und schließen am frühen Morgen gegen 5 Uhr, wenn sich die Japaner nach einer durchzechten Nacht mit der ersten Bahn auf den Weg nach Hause machen. Auf ausländische Touristen ist man selten eingerichtet und die Websites sind nur auf Japanisch. Aber kein Problem, mit meinen Infos können Sie sich ohne Hemmungen ins Karaoke-Abenteuer stürzen.

Zunächst müssen Sie sich an der Rezeption registrieren. Dazu tragen Sie auf einem Zettel oder einer Liste Ihren Namen ein und sagen, wie lange Sie eine Box mieten wollen; manchmal muss man eine Telefonnummer angeben oder seinen Pass zeigen. Pro Person zahlt man für 30 Minuten abhängig von Lage, Uhrzeit, Wochentag und Raum zwischen 80 und 800 ¥.

Hinzu kommen noch die Kosten für Getränke. Es gibt auch Angebote für »**All-You-Can-Drink**« ***nomihōdai*** (**飲み放題**), bei denen wahlweise alkoholfreie Getränke oder alkoholische Getränke mit dabei sind.
Ab und zu können Sie den Hersteller der Karaoke-Maschine wählen – nehmen Sie dann **Joysound,** weil dort das englische Menü besser ist und sogar viele japanische Lieder mit lateinischen Buchstaben im Untertitel angezeigt werden. Dann bekommen Sie einen Zettel, auf dem die Nummer des zugewiesenen Raums und die Endzeit stehen. Bei Karaokekan gibt es einen Kleiderständer mit Kostümen, die man kostenlos anziehen kann, was immer eine Riesengaudi ist. Wer Karaoke nur mal probieren möchte, dem rate ich, tagsüber an einem Werktag zu **Karaokekan** oder **Big Echo** zu gehen, dann zahlt man oft nur ein Viertel des Preises, der nach 19 Uhr fällig wird. Wenn man Spaß daran gefunden hat, kann man den nächsten Besuch für abends planen. Wer möglichst günstig und lange singen will, nutzt ein »**Free Time**«**-Angebot** für die Zeiten 11–19 oder 23–5 Uhr; manchmal zahlt man nur circa 1.500 ¥ und kann dann so lange bleiben, bis die Stimme versagt.
*www.gomap.de/**krke***

#Tipp: Erinnern Sie sich an die Filmszene von »**Lost in Translation**«, als Bill Murray mit Scarlett Johansson Karaoke singt? Genau dieselbe Karaoke-Box können auch Sie benutzen, dazu müssen Sie nur bei **Karaokekan** in **Shibuya** den Raum **601** oder **602** mieten.
30–1 Udagawachō, Shibuya-ku, Tokyo, Tel.: 03-3462-0785

Karaoke singen カラオケ

Herzlichen Glückwunsch, Sie haben es bis in die Karaoke-Box geschafft! Im nächsten Schritt geht es jetzt an die Bedienung der Karaoke-Maschine. Zunächst muss man auf das englische Menü umstellen. Falls Sie es nicht schaffen, kontaktieren Sie das Personal über das Wandtelefon. Dann suchen Sie sich Lieder zum Singen entweder über den Künstlernamen oder den Titel heraus. Vielleicht soll es erst mal ein deutscher Song sein? Suchen Sie nach **Nena** oder **99 Luftballons,** den gibt es auf allen Systemen. Oft findet man noch Lieder von Dschingis Khan, Falco oder Rammstein, das war es dann schon. Bis das Lied startet, dauert es meistens ein wenig. Früher funktionierten die Maschinen mit CD-Wechsler, doch selbst die rein digitalen Maschinen simulieren immer eine Wartezeit.
Zeit, sich bereit zu machen, das Mikrofon anzuschalten, bis die Musik beginnt und der unterlegte Liedtext auf dem Bildschirm erscheint. Falls es durch Rückkopplungen pfeift, müssen Sie die Mikrofonlautstärke reduzieren. Der Drehregler befindet sich in den meisten Fällen unten rechts an der Karaoke-Maschine.
Beschriftung der wichtigsten Drehregler:

Mikrofonlautstärke:	マイク(音量)
Musiklautstärke:	ミュージック(音量)
Hintergrundmusik:	**BGM**(音量)
Echostärke:	マイクエコー oder エコーレベル

Über die Funktion »Remote Control« [リモコン] kann man weitere Einstellungen auf dem Touchpad machen. Die rein japanischen Websites von **Joysound** und **DAM** zeigen aktuelle Lieder und wo man Karaoke-Boxen mit neuestem Equipment findet.
www.gomap.de/kbox

Machen Sie nicht den gleichen Fehler wie ich und suchen nur nach Ihren Lieblingssongs. Meist sind sie nicht vorhanden oder zu schwierig zu singen. Anbei habe ich Ihnen eine Liste mit zehn englischen Liedern zusammengestellt, die man gut singen kann und die in den meisten Maschinen vorhanden sind, weil sie zu den Top-Favoriten in Japan unter den englischen Liedern beim Karaoke zählen:

Beatles: Hey Jude, Ob-la-di Ob-la-da, Yesterday
Bon Jovi: It's My Life, Livin' On A Prayer
John Denver: Take Me Home, Country Roads
Lady Gaga: Bad Romance, Born This Way
Taylor Swift: Shake It Off, We Are Never Ever Getting Back...
Ganz Wagemutige singen diese japanische Schnulze, mit der ich zu allen Anlässen Extrapunkte in Japan sammeln konnte:
Sakamoto Kyū [坂本九]: Ue o muite arukō [上を向いて歩こう]

Kurz bevor die Zeit abgelaufen ist, werden Sie manchmal durch einen Anruf auf dem Wandtelefon, das sonst auch zur Bestellung von Getränken und Speisen dient, darauf hingewiesen – sagen Sie dann »*Hai, wakarimashita*«, »Ja, verstanden«, und legen wieder auf. Wenn Sie pünktlich auschecken, werden Ihnen keine 30 Minuten extra berechnet.

#Tipp: Nach Registrierung auf der Website von Joysound, Installation und Log-in in der **Joysound Karaoke Remote Control App** können Sie dort nach Liedern und Interpreten suchen und in der Favoritenliste speichern. In der Karaoke-Box kann man dann nach Pairing mit der Karaoke-Maschine mit dem Smartphone seine Lieder direkt anwählen und die Maschine steuern.

Günstig schlemmen 食べ物

Um beim **Essen** ***tabemono*** (**食べ物**) Geld zu sparen, habe ich Ihnen bereits bezüglich Teishoku (S. 48) Tipps gegeben, hier nun noch mehr Ratschläge für Fortgeschrittene:

Besonders günstige Restaurants müssen beim Personal sparen und verfügen daher gleich am Eingang über einen **Ticketautomaten.** Man muss sich also bereits vor dem Betreten für ein Gericht entscheiden und bezahlen. Das kleine Ticket übergeben Sie im Restaurant dem Angestellten und wählen einen Platz. Große Ketten haben manchmal Automaten mit Display und englischem Menü, doch sind Automaten mit einfachen Tasten sehr verbreitet. Ab und zu gibt es kleine Bilder auf diesen Tasten, meistens aber sind es nur japanische Zeichen. Mit etwas Glück finden Sie irgendwo einen Aushang mit Fotos der Speisen und können den dort abgedruckten Text oder eine abgebildete Nummer mit den Tasten auf dem Automaten vergleichen. Falls Sie überhaupt nichts lesen können, bitten Sie entweder andere Kunden hinter Ihnen in der Schlange oder das Personal um Hilfe. Oft frage ich, was die Spezialität des Hauses oder das beliebteste Hauptgericht ist. Meist ist dies unter der **Taste ganz oben links** abgelegt. Sie können also auch einfach diese Taste drücken und sich überraschen lassen.

Aber Vorsicht, eine mögliche Gefahr: Im Rāmen-Restaurant **Tōshōmensō Karaya** in Akihabara ist das beliebteste Gericht eine sehr scharfe Rāmen-Suppe für 700 ¥. Allerdings gibt es zum Glück ein Schild am Eingang und Sie müssen nur die richtige Nummer wählen (① sehr scharf, ② scharf) und am Automaten drücken. Falls Sie die scharfe Suppe reizt, finden Sie das Restaurant über diesen Link: *www.gomap.de/**krya***

Kurz bevor **Supermärkte** und **Kaufhäuser** schließen, sind meistens noch **Lebensmittel** übrig, die am gleichen Tag verzehrt werden müssen. Achten Sie besonders auf **Bentō-Boxen** (S. 88), **Onigiri, Sushi, Salate, Sandwiches** und andere abgepackte Mahlzeiten. Um diese noch zu verkaufen, werden sie am Abend oft um die Hälfte reduziert. Sie können das leicht an einem extra Aufkleber erkennen, dem sogenannten **Hangaku-Sticker** [**半額**], manchmal steht der Rabatt sogar in arabischen Ziffern darauf. Wenn Sie also einen Supermarkt wie beispielsweise Kinokuniya oder Seiyū bzw. einen Konbini (S. 56) in der Nähe Ihrer Unterkunft finden, dann schauen Sie doch am Abend mal nach, ob sich so eine Gelegenheit bietet. Gerichte wie Omeletts, Curryreis und Nudeln können Sie sich im Geschäft mit der Mikrowelle aufwärmen lassen, falls Sie sonst keine Möglichkeit dazu haben. Die Zeichenfolgen für **Mindesthaltbarkeits-** [**賞味期限**] und **Verfallsdatum** [**消費期限**] bei frischen Produkten sollten nicht mit dem **Verarbeitungs-** [**加工日**], **Herstellungs-** [**製造日**] oder **Lieferdatum** [納品日] verwechselt werden.

#Tipp: Der Schnäppchenjäger mit Niveau geht am Abend in keinen gewöhnlichen Supermarkt, sondern besucht das Untergeschoss eines **Luxuskaufhauses** wie Mitsukoshi, Seibu, Takashimaya oder Tōbu. Die großen Feinkostabteilungen heißen ***depachika*** (デパ地下), eine Wortzusammensetzung aus Kaufhaus ***depāto*** und Untergeschoss ***chika.*** Angeblich soll es Touristen geben, die durch eine Delikatessenabteilung laufen, nur um von Probierhäppchen satt zu werden. **Ausländern** ***gaikokujin*** (外国人) bietet man daher nur an wenigen Ständen etwas an.

Souvenirs shoppen おみやげ

Man kann während des Urlaubs nie früh genug damit anfangen, **Souvenirs *omiyage*** (おみやげ) zu kaufen. Zur japanischen Geschenkkultur beim Reisen habe ich schon geschrieben (S. 24). Da die Japaner Reiseweltmeister im eigenen Land sind, finden Sie nahezu an jedem touristisch erschlossenen Ort Andenkenläden und lokale Mitbringsel. Weit verbreitet sind **Papierlaternen *chōchin*** (提灯). Es gibt sie in allen Farben und mit Schriftzügen der jeweiligen Sehenswürdigkeit oder eines Ortes. Weil sie aus Papier und Plastik gefertigt werden, sind sie leicht und nehmen zusammengefaltet in einer Schachtel im Reisegepäck wenig Platz weg. Nach einigen Jahren in Japan reihte sich eine ansehnliche Anzahl dieser Laternen an der Wohnzimmerwand meines Apartments. Doch zurück in Deutschland endeten die Staubfänger schließlich in einem großen Karton im Keller. Falls Sie einen Partykeller haben, können Sie solche Laternen dort natürlich sehr gut zur Deko nutzen und Ihren Gästen zu jeder Einzelnen von Ihren tollen Reiseerlebnissen erzählen.

Heute bevorzuge ich beim Kauf von Souvenirs hochwertige Produkte, die ich im Haushalt einsetze, sodass bei ihrer Verwendung Orte und Reiseerlebnisse in Erinnerung gerufen werden. So gibt es in vielen Touristenorten sehr schönes **traditionelles Kunsthandwerk** aus Holz. In Kamakura heißt es **Kamakurabori** (鎌倉彫) und besticht durch seine besondere Lackierung. Für **Yosegi-zaiku** (寄木細工) ist Hakone bekannt, dabei werden mit verschiedenen Hölzern kunstvolle Mosaike gestaltet. Seit Jahren benutze ich einen kleinen Holzbehälter aus Miyanoshita zur Aufbewahrung von Zahnstochern. Es gibt außerdem Bilderrahmen, Untersetzer, Schalen, Essstäbchen und kleine Kistchen mit Geheimfach mit diesem einmaligen Design.

Schöne **Keramik** gibt es in allen Preisklassen, oft traut man sich nicht, große Teller oder Teeschalen zu kaufen, weil diese im Reisegepäck beschädigt werden könnten. Kleinere Objekte wie Schälchen für Sojasauce oder Stäbchenablagen haben aber gut verpackt noch jede Reise überstanden. Sagen Sie gleich beim Kauf, dass Zerbrechliches für den Flugtransport zusätzlich in Luftpolsterfolie ***puchi puchi*** eingewickelt werden soll.
Wahre Kunstwerke sind handgefertigte **Teedosen** aus Kupferblech oder Kirschbaumrinde, die ewig halten und mit den Jahren der Verwendung durch Abnutzung und Patina noch schöner werden. In keinem anderen Land gibt es eine größere Auswahl an hochwertigen **Bürsten *tawashi*** (束子) aus Naturmaterialien. Bürsten zur Reinigung von Pfannen sind zwar teurer als Wegwerfschwämme, können dafür aber viel länger verwendet werden.
Eine weitere Kategorie, die sich durch vielfältiges Design und innovative Produkte auszeichnet, sind **Schreibwaren.** Zwar bekommt man vieles, wie z. B. radierbare Kugelschreiber, auch bereits in Deutschland, doch ist die Auswahl in Japan größer.
Auf Baumwoll-Kimonos ***yukata,*** Essstäbchen ***hashi,*** Unterhaltungselektronik, Sushi aus Plastik, Damastmesser, Winkekatzen ***maneki-neko,*** Holzpuppen ***kokeshi*** und Tee brauche ich Sie vermutlich nicht extra hinzuweisen.
*www.gomap.de/**svnr***

#Tipp: Mit farbigen Mustern bedruckte rechteckige Baumwolltücher heißen **Tenugui** (手拭い), es gibt sie in großer Auswahl und sie dienen auf Reisen gut als Taschen- oder Handtuch. **Furoshiki** (風呂敷) dagegen sind quadratisch und eignen sich gut zum Verpacken von Geschenken (S. 118).

100-Yen-Shops 100円ショップ

Für den Einkauf von Souvenirs möchte ich **100-Yen-Shops** ***hyaku en shoppu*** (100円ショップ) nicht unerwähnt lassen. Die meisten Produkte dort kosten, wie der Name schon sagt, lediglich 100¥, die Mehrwertsteuer von 8¥ kommt noch obendrauf – ab Oktober 2019 wegen der Steuererhöhung dann 10¥.
Die in Japan am meisten verbreiteten Ketten heißen **Daiso** mit über 2500 und **Can Do** mit knapp 1000 Filialen. Man findet sie meistens in Einkaufszentren und um Bahnhöfe.
Das Konzept dieser Läden funktioniert deshalb so gut, weil ein Teil der Produkte billig in China gefertigt wird und die Kunden spontan mehr und vor allem Dinge kaufen, die sie nicht auf dem Einkaufszettel stehen hatten. Daher findet man alle wichtigen Produkte des täglichen Bedarfs in einem 100-Yen-Shop. Haushaltswaren jeder erdenklichen Art, also Geschirr, Besteck, Kaffeefilter, Frischhalte- und Alufolie, Bürobedarf, Handtücher, Kleiderbügel, Wäscheklammern, Lappen, Waschmittel, Werkzeug, Nähzeug, Spielzeug, Gartenartikel, Kleidung, Heimdekoration, Besen und Fahrradzubehör. Außerdem gibt es noch Lebensmittel, insbesondere Süßigkeiten, Knabberartikel, kleine Snacks und Getränke.
Die Kette Lawson betreibt neben normalen Konbinis mit blauem Logo auch welche mit grünem Logo und dem Namen **Lawson Store 100.** Dort gibt es hauptsächlich Lebensmittel, Haushaltswaren und Büroartikel, die alle 100¥ netto kosten. Der bekannteste Discounter mit 160 Filialen ist die Kette **Don Quijote,** kurz **Donki.** Das Warensortiment ist dem der 100-Yen-Shops sehr ähnlich und in den meisten Filialen kann man günstig und rund um die Uhr einkaufen.

Beliebt sind Süßigkeiten in vielen Geschmacksrichtungen wie von Kitkat oder Pocky, Kartoffelchips mit Algengeschmack und Instant-Rāmen, des Weiteren Kosmetik, Drogerieartikel, Halloween-Kostüme, Billigklamotten und Elektronik. Die Filialen sind an dem blauen Pinguin mit Krone zu erkennen. Die Waren sind dort bewusst chaotisch verteilt, damit man jede Menge unnützer Dinge findet, wenn man etwas ganz Bestimmtes sucht. Seit 2017 gibt es den ersten 100-Yen-Laden in Deutschland. Die Kette **Miniso** betreibt diesen in Berlin und hat dort bereits zwei weitere Filialen eröffnet. Die meisten Artikel wie Notizbücher, Billigschirme, Besteck und Stäbchensets, Aufbewahrungsboxen, flauschige Hausschuhe, Badeslipper, Grippeschutzmasken und Schlafbrillen im Katzendesign kosten alle nur 1,99 €. Einige Elektronikartikel gehen für 9,99 € über den Ladentisch.
*www.gomap.de/**hysp***

#Tipp: Falls Sie nicht zufällig an einem der oben genannten Läden vorbeikommen, führe ich hier einige große Filialen auf:
Tokyo: Daiso südlich vom Bahnhof Harajuku in der Takeshita Dōri, **Donki Kabukichō** an der Yasukuni Dōri und **Mega Donki Shibuya** keine 300 m von der bekannten Kreuzung entfernt zwischen Shibuya 109 und Bunkamura.
Osaka: Daiso westlich der Burg in der Keihan City Mall, direkt am Ausgang 2 des Temmabashi-Bahnhofs und **Donki Umeda** an der Miyakojima Dōri südöstlich vom Bahnhof Umeda oder die Filiale **Donki Dotonbori** im Ebisu Tower am Kanal, durch das Riesenrad kaum zu übersehen.

50 Shades of Danke ありがとう

Für uns Europäer ist die japanische Sprache nicht nur deshalb schwierig, weil sie so ganz anders als europäische Sprachen ist und man gleich drei Schriften beherrschen muss, sondern vor allem auch, weil die gewählten Worte immer von der jeweiligen Situation und der Beziehung zwischen Redner und Zuhörer abhängen. Deshalb finden Sie im Buch auch keine lange Vokabelliste, sondern ich erkläre anhand des Wortes »Danke« die Komplexität der japanischen Sprache.

»**Sumimasen**«: Sie sitzen im Flugzeug und die Stewardess bringt Ihnen ungefragt einige Servietten, nachdem Sie etwas Wasser auf Ihrem Klapptisch verschüttet haben. Zum Bedanken setzt man es nur ein, wenn man jemandem Umstände bereitet. Das Wort ist außerdem eine Floskel, um auf sich aufmerksam zu machen, und Sie werden es in Japan oft hören.

»**Dōmo**«: Ihnen wird im Restaurant das Essen gebracht, Sie bedanken sich mit »***dōmo***«. Im Geschäftsalltag wird diese Floskel gerne verwendet, beachten Sie aber, dass sie nicht an jemanden gerichtet wird, der Ihnen höhergestellt ist. Sie können »***dōmo***« zum Praktikanten sagen, aber nie zum Chef.

»**Arigatō**«: Sagt man unter Freunden und auf gleicher Ebene. Beim Erhalt eines Geschenks nutzen Sie besser die Steigerung »**dōmo arigatō**« für »vielen Dank«. Verwenden Sie beide Floskeln bei Personen, die Sie mit »Du« anreden würden.

»**Arigatō gozaimasu**«: Gegenüber höhergestellten Personen verwendet man zusätzlich die Höflichkeitsform »***gozaimasu***«, also zum Chef, Lehrern, Polizisten und Schwiegereltern. Falls diese in die Heirat ihrer Tochter bzw. Sohns einwilligen, sagen Sie also »**dōmo arigatō gozaimasu**«. Höflichkeit ist in Japan wichtig, verwenden Sie »***gozaimasu***« bei allen Höhergestellten, die Sie in Deutschland auch mit »Sie« ansprechen würden.

»**Arigatō gozaimashita**«: Möchten Sie sich für etwas in der Vergangenheit bedanken, dann müssen Sie die richtige Zeitform wählen. Wenn Sie schöne Tage in einer kleinen familiären Pension ***minshuku*** (S. 46) verbracht haben, verabschieden Sie sich mit »**dōmo arigatō gozaimashita**«.

»**Īe, kekkō desu**«: Das heißt »nein, danke«, falls Ihnen jemand Tee einschenken will, Sie aber keinen mehr möchten.

»**Gochisō-sama deshita**«: Bedeutet »Danke für das leckere Essen«. Sagen Sie es nach dem Essen, falls Sie von jemandem eingeladen wurden, oder als Verabschiedung beim Verlassen eines Restaurants, wenn es Ihnen sehr gut geschmeckt hat.

»**Otsukare-sama deshita**«: Eine sehr schöne Floskel, mit der man sich nach einem langen Arbeitstag im Büro von den Kollegen verabschiedet. Direkt übersetzt heißt es »Danke für Ihre Bemühungen«.

»**Azāsu**«: Das ist Slang unter Gleichgestellten, verwenden Sie es nur als Mann nach dem vierten Bier mit Freunden in einer Kneipe ***izakaya*** (S. 112) oder beim Karaoke (S. 90), wenn Sie sich nicht mehr anders artikulieren können. In einer Messenger App können Sie zu engen Freunden auch **AZS** tippen.

#Tipp: Leider ist es mir unmöglich, auf zwei Seiten alle Feinheiten der japanischen Sprache bezüglich des Wortes »Danke« zu erklären. Selbst wenn Sie alles hier beachten, kann ich Sie nicht davor bewahren, sich eventuell mit einer falsch platzierten Floskel zu blamieren. Sie können auch immer nur »**thank you**« sagen. Alternativ nicken Sie in Läden und Restaurants einfach freundlich leicht mit dem Kopf, statt zu danken, das reicht vollkommen aus und wird von vielen redefaulen Japanern genauso gehandhabt.

Wäsche waschen 洗濯物

Wer sich länger in Japan aufhält, wird irgendwann auf das Problem stoßen, dass **Wäsche *sentaku-mono*** (洗濯物) gewaschen werden muss.

Das Einfachste ist natürlich, den **Wäscheservice im Hotel** zu nutzen. Das funktioniert mal für ein Hemd oder eine Bluse ganz gut. Die Preise sind im Vergleich zu Deutschland etwas günstiger, insbesondere in einem einfachen **Business-Hotel**. In einem teuren Luxushotel zahlt man hingegen mehr. Manchmal gibt es einen Express-Service, sodass man seine Wäsche schon am Folgetag bekommt.

Konbinis haben oft einen Automaten, der schmutzige Hemden annimmt, die man gereinigt am übernächsten Tag ab 9 Uhr wieder abholen kann. Allerdings müssen Sie sich für diesen Service registrieren und brauchen etwas Glück, dass der Angestellte genügend Englisch versteht, um Ihnen eine Kundenkarte auszustellen.

Günstiger als Hotels sind **Reinigungen**. Viele Japaner lassen ihre Hemden dort reinigen und holen sie einige Tage später frisch gewaschen, gestärkt und wahlweise auf dem Bügel oder zusammengefaltet wieder ab. Als ich in Japan lebte, nutzte ich diesen günstigen Service. Was mich aber störte, waren die für mich nicht idealen Öffnungszeiten. So hatte der Laden in der Nähe meiner Wohnung nur an bestimmten Wochentagen zu bestimmten Zeiten geöffnet. Seit ich für die von mir verfassten Reiseführer recherchiere und daher immer den ganzen Tag bis spät am Abend unterwegs bin, habe ich es aufgegeben, diesen praktischen, aber unflexiblen Service zu nutzen.

Meistens miete ich mir heute ein Apartment und achte darauf, dass sich darin eine **Waschmaschine** mit **Trockner** befindet. Die japanischen Waschmaschinen sind einfach und waschen nur mit kaltem Wasser, aber sauber machen sie trotzdem. Auch die Schleuderfunktion ist nicht so stark wie bei deutschen Waschmaschinen, planen Sie also mehr Zeit fürs Trocknen ein. Häufig lässt sich an Ventilatoren im Badezimmer die Trocknerfunktion [乾燥] nutzen, falls Sie Wäsche aufhängen.
Die Nutzung der Waschmaschine ist recht einfach, das Waschmittel bekommt man portioniert in kleinen Beuteln zu kaufen und schüttet es über die schmutzige Wäsche. Öffnen Sie ggf. den Wasserhahn über der Waschmaschine und schalten Sie diese ein [電源入]. Jetzt noch Start [スタート] drücken, der Rest geht automatisch bis zum Abschluss des Schleuderns. Hin und wieder ist es notwendig, ein bestimmtes Programm einzustellen, insbesondere dann, wenn man möchte, dass im Anschluss an das Waschen die Wäsche getrocknet wird. Das Trocknen benötigt häufig drei bis fünf Stunden.

#Tipp: Eigentlich bin ich ja ein Gegner der Wegwerfmentalität, aber wenn man schnell ein neues T-Shirt oder Hemd benötigt, dann bekommt man das an vielen Ecken für wenig Geld. Manchmal kostet es nicht viel mehr, als die Reinigung im Hotel kosten würde. Die Billigmarke der an sich schon günstigen Kette **Uniqlo** heißt **GU**.
*www.gomap.de/**gujp***

Im Waschsalon　　コインランドリー

Waschsalons ***coin laundry*** (コインランドリー) sind eine günstige, aber zeitaufwendigere Art, Wäsche zu waschen. Sie sollten ausreichend 100-¥- und manchmal auch 50-¥-Münzen gesammelt haben oder in dortigen Automaten wechseln, denn meistens können nur diese Münzen eingeworfen werden. Die Maschinen sind alle recht unterschiedlich, doch ist der Ablauf immer ähnlich. Zunächst reinigen Sie die leere Maschine, dazu drücken Sie mindestens zehn Sekunden einen Knopf, der die Aufschrift »Trommel-Spülung« [ドラム洗浄] oder »Trommel-Shower-Button« [洗濯槽シャワーボタン] trägt. Nach maximal zwei Minuten sollte der Spülvorgang der Waschmaschine abgeschlossen sein. Es kann auch sein, dass Sie bereits vor dem Reinigen das Geld einwerfen müssen, achten Sie daher auf eine Anleitung für den Ablauf in Bildern, die sich entweder an der Wand oder unter der Abdeckklappe der Maschine befindet. Modernere Waschmaschinen bieten meistens drei Optionen an und zeigen abhängig von der Wäschemenge unterschiedliche Programmdauern und Preise an:

洗濯/乾燥	Waschen und Trocknen
洗濯のみ	Nur Waschen
乾燥のみ	Trocknen

Wählen Sie durch Knopfdruck das gewünschte Programm und werfen die geforderte Menge Münzgeld ein. Dann müssen Sie die Wäsche in die Trommel legen und die Tür verschließen. Neuere Waschmaschinen fügen das Waschmittel automatisch hinzu, erkennbar an der Aufschrift [洗剤は必要ありません].

Andernfalls müssen Sie das bereitgestellte Waschmittel selbst hinzufügen. Meistens finden Sie auch noch reine **Wäschetrockner** mit der Aufschrift [乾燥機], diese arbeiten oft mit Gas und man zahlt 100¥ für 10 Minuten. Die Wäsche kann dabei recht heiß werden und geht vielleicht etwas ein. Verwenden Sie diese Trockner also nie für empfindliche Textilien.
Sehr einfache Waschmaschinen, wie man sie oft auch in Apartments findet, werden von oben mit Wäsche beladen und das Waschmittel direkt über der Wäsche verteilt. Diese starten meist automatisch, wenn man das Geld eingeworfen hat und den Deckel schließt. Das gleiche Prozedere gilt auch für die Trockner, doch kann es manchmal sein, dass man noch einen Startknopf [スタート] drücken muss.

#Tipp: Falls Sie in Tokyo in der Gegend um Meguro sind, dann besuchen Sie doch **Freddy Leck sein Waschsalon**. Früher gab es den kultigen Waschsalon des Schauspielers Dirk Martens nur in Berlin-Moabit, aber seit Sommer 2017 können Sie die Filiale in Tokyo besuchen. Während Sie auf Ihre Wäsche warten, können Sie dort sogar Kaffee und Kuchen genießen – das ist selbst in Japan einmalig. Dafür findet man in japanischen Warenhäusern das Merchandise von Freddy Leck rund um das Thema Waschen bereits seit einigen Jahren.
*www.gomap.de/**flsw***

In Konbinis drucken ネットプリント

Jetzt ist es Zeit, sich an die Nutzung der Netzwerkdrucker von **7-Eleven** zu wagen. Dazu müssen Sie sich zunächst online auf *www.printing.ne.jp* registrieren, und das geht im Moment leider nur auf Japanisch. Glücklicherweise funktionieren der Registrierprozess und die Website auch mit einem Internetbrowser mit automatischer Übersetzungsfunktion wie beispielsweise **Google Chrome.**

Als Erstes geben Sie Ihre E-Mail-Adresse zweimal ein und rufen den Internetlink in der erhaltenen E-Mail auf. Im nächsten Schritt stimmen Sie wie bei solchen Diensten üblich den Nutzungsbedingungen zu – keine Sorge, Kosten entstehen erst, wenn Sie im Geschäft drucken. Bei der Registrierung wählen Sie eine Benutzer-ID, ein Passwort und geben Ihren Namen an. Bei der phonetischen Eingabe müssen Sie keine japanische Silbenschrift verwenden, sondern nur in lateinischen Buchstaben wiederholen, wie Ihr Name ungefähr ausgesprochen wird (Beispiel: Name: **Axel** phonetisch: **akuseru**) – geben Sie zur Not irgendwas ein. Dann noch auswählen, woher Sie den Service kennen, und den rechten Button (kein Newsletter) anklicken. Auf der folgenden Seite bestätigen Sie mit dem blauen Button ganz rechts die Eingabe und bekommen nochmals eine japanische E-Mail mit Ihrer **Anmelde-ID** und dem **Anmeldedatum,** brauchen aber nichts weiter zu tun.

Von nun an können Sie sich mit Anmelde-ID und Passwort auf der Website anmelden und beliebige Dokumente sowie Fotos (.docx .pdf .rtf .xlsx .pptx .xps .jpg .png .tif) auf Ihren Account hochladen. Dabei wählen Sie bereits die Papiergröße (A4, A3, B4 oder B5) aus und ob Sie in Farbe oder schwarz-weiß ausdrucken möchten. Auf Wunsch vergeben Sie bei vertraulichen Dokumenten ein vierstelliges Passwort.

Ein Dokument wird höchstens eine Woche gespeichert, die maximale Größe pro Datei beträgt 10 MB und Ihr gesamter Online-Speicher 50 MB. In der Übersicht sehen Sie nach kurzer Zeit (»Aktualisieren« drücken) in der zweiten Spalte eine achtstellige alphanumerische Reservierungsnummer. Falls Sie kein Passwort vergeben haben, benötigen Sie lediglich diese Reservierungsnummer zum Ausdrucken Ihres Dokuments im 7-Eleven-Geschäft. Am Multifunktionsgerät im Konbini müssen Sie zunächst das englische Menü auswählen. Drücken Sie dann die mittlere Taste [Print] und im nächsten Schritt die linke Taste [netprint]. Jetzt sollten Sie die »Cautionary Notes« kurz durchlesen und unten rechts mit [OK] bestätigen. Als nächstes werden Sie aufgefordert, Ihre achtstellige Reservierungsnummer einzugeben und wiederum mit [OK] zu bestätigen. In der darauffolgenden Übersicht sehen Sie eine Vorschau des Dokuments mit allen Angaben wie Format, Seitenzahl und den Druckkosten. Falls alles passt, auch hier wieder unten rechts die dunkelblaue Taste [Save & Next] drücken oder [Reset & Back] oben rechts für »Abbrechen«. Jetzt müssen Sie noch auswählen, dass Sie mit Münzen zahlen (Symbol oben rechts) und das nötige Kleingeld in den vorhandenen Geldschlitz werfen. Glückwunsch, Sie haben es fast geschafft. Vollenden Sie jetzt Ihr Werk durch Betätigung der ovalen Taste mit der Aufschrift [Start].

#Tipp: Ohne Registrierung arbeitet die neue **Lite-Version**, die Dokumente werden dabei allerdings nur einen Tag lang gespeichert. Die Lite-Version funktioniert auch ohne die angebotenen Apps. Drücken Sie einfach nur den orangefarbenen Knopf und verfahren ohne Anmeldung weiter wie oben.
www.gomap.de/ltpr

Dosenkaffee kaufen 缶コーヒー

Getränkeautomaten ***jidōhanbaiki*** (自動販売機) findet man in Japan an jeder Ecke. Sie bieten eine riesige Auswahl an Getränken – neben Wasser, Limonaden und Tee schätze ich **Dosenkaffee** ***kankōhī*** (缶コーヒー), den es sowohl warm als auch eisgekühlt unter bekannten Marken wie Boss, DyDo, Georgia, Fire, Pokka, Nescafé, Roots, UCC und Wonda gibt.
Als ich noch keine Kanji lesen konnte, war der Kauf einer Dose Kaffee immer reines Glücksspiel, meistens bekam ich bitteren schwarzen Kaffee oder welchen mit Milch, dabei wollte ich doch mit Zucker und ohne Milch. Damit Ihnen nicht das Gleiche passiert, habe ich für Sie alle wichtigen Erkennungszeichen zusammengefasst:

1. Hauptsache Kaffee, egal welche Sorte (2.–6.):
   コーヒー oder [Bild mit Kaffeebohnen]
2. Schwarzer Kaffee ohne Zucker, oft in schwarzer Dose:
   Black, ブラック, 0 kcal oder **無糖** (ohne Zucker)
3. Schwarzer Kaffee mit etwas Zucker ohne Milch:
   微糖 (wenig Zucker) oder 甘さ (leicht gesüßt)
4. Kaffee mit Milch und Zucker:
   微糖 (wenig Zucker) oder 甘さ (leicht gesüßt) ***und***
   牛乳100 % (100 % Kuhmilch) oder ミルク (Milch)
5. Kaffee mit viel Milch und häufig ohne Zucker:
   Latte oder ラテ
6. Kaffee mit viel Milch und häufig mit Zucker:
   Café au Lait oder カフェオレ

#Tipp: Diese Liste funktioniert für 80 % aller Dosen, und wenn Sie an einem Automaten damit mal nicht zurechtkommen, gehen Sie einfach weiter zum nächsten.

Shogun-Level

Der **Shogun** (将軍) steht über allen Samurai und Ninja. Wenn Sie alle vorherigen Stufen mit Bravour gemeistert haben, dann werden Sie in den letzten zehn Schritten mehr über Religion, Kultur und Wesen der Japaner lernen.

Schreine und Tempel 神社/お寺

Ein Großteil der Japaner gehört dem Shintōismus und dem Buddhismus an, weshalb man überall **Schreine** ***jinja*** (**神社**) und **Tempel** ***o-tera*** (**お寺**), aber nur vereinzelt christliche Kirchen findet. Das einfachste Erkennungsmerkmal eines Schreins ist das **Eingangstor** ***torii*** (**鳥居**), durch das man den heiligen Schreinbezirk betritt. Diese Torii sind meist aus Holz und rot bemalt, es gibt aber auch unbemalte und welche aus Stein oder Metall. Durchschreiten Sie das Torii nicht genau in der Mitte – diese ist den Göttern vorbehalten –, sondern halten Sie sich eher rechts oder links. Sehr Gläubige verbeugen sich kurz vor dem Torii und nehmen ihre Kopfbedeckung ab. Wenig später kommt seitlich ein **Wasserbecken** ***temizuya*** (**手水屋**) zur Reinigung von Händen und Mund. Mit einer Kelle schöpft man Wasser und reinigt damit seine linke und rechte Hand, dann den Mund mit etwas Wasser aus der linken Hand. Nach einer erneuten Reinigung der linken Hand wäscht man die Kelle und legt sie zurück. Falls Sie unsicher sind, beobachten Sie das Verhalten der anderen Besucher oder achten auf vorhandene Hinweisschilder. Am **Hauptschrein** angekommen, verbeugt man sich einmal kurz und läutet – falls vorhanden – an einer Glocke, um die Götter über den Besuch in Kenntnis zu setzen. Jetzt folgt die Geldspende, die man in eine meist hölzerne große Opferbox wirft. Der Betrag steht Ihnen frei, falls Sie eine Münze mit einem Loch haben (5¥ oder 50¥), dann nehmen Sie diese. Vor dem Gebet verbeugen Sie sich zweimal tief und klatschen danach zweimal in die Hände, bevor Sie mit gefalteten Händen beten. Am Ende des stillen Gebets folgt wieder eine tiefe Verbeugung. Wer ganz auf Nummer sicher gehen will, reicht seinen Wunsch oder Dank an die Götter in schriftlicher Form ein. Hierzu kauft man für 500¥ ein **Holzbrett** ***ema*** (**絵馬**), schreibt seinen Text mit einem Filzstift darauf und hängt es an die dafür vorgesehene Stelle. Falls Ihr Wunsch nicht für die Öffentlichkeit bestimmt ist, können Sie alternativ einen Brief an die Götter schreiben und ihn zusammen mit einer Spende einwerfen.

Beliebt sind auch **Orakelzettel** ***o-mikuji*** (おみくじ), die man sich für 100–400¥ kaufen kann. Dazu müssen Sie zunächst eine Holzbox schütteln und ein Stäbchen mit einer Nummer ziehen. Die Nummer nennen Sie dann am Schalter mit dem Schriftzug みくじ und bekommen bei großen Schreinen den Zettel oft sogar auf Englisch. Falls Sie nicht damit zufrieden sind oder bei einem japanischen Orakel nicht sicher sind, ob es etwas Gutes bedeutet, dann falten Sie es wieder zusammen und knoten es an das dafür vorgesehene Gestell oder einen Baum.

Beim Besuch eines Tempels gelten die gleichen Regeln für Reinigung und Gebet, außer dass man am Tempel nicht in die Hände klatscht. Zusätzlich gibt es meistens noch ein Weihrauchbecken, an dem man den Weihrauch zur Heilung an betroffene Stellen fächelt.

#Tipp: Kaufen Sie sich einen **Talisman** ***o-mamori*** (お守り), die für alle möglichen Zwecke wie Gesundheit, Glück, Liebe, Hochzeit, Autofahren und Prüfungen für 500–1.000¥ angeboten werden. Interessant ist das ***»IT o-mamori«***, das es im **EDOCCO** auf dem Gelände des **Kanda-Myōjin-Schreins** in Tokyo für 1.000¥ zu kaufen gibt. Es handelt sich um zwei grüne Aufkleber und eine Plakette im Scheckkartenformat, die man auf Computer klebt oder im Geldbeutel mit sich führt, um sich vor Abstürzen, Viren und Hardwaredefekten zu schützen. An meinem Computer wirkt der Talisman schon seit Jahren sehr zuverlässig.

*www.gomap.de/**kdmy***

In der Izakaya betrinken 居酒屋

Japaner gehen mit Kollegen nach Feierabend gerne mal einen trinken, dafür gibt es sogar den Begriff **Nomunication**, der sich aus den Wörtern »**nomu**« für Trinken und **communication** zusammensetzt. Während meiner Zeit in Japan habe ich die Abende sehr genossen, denn der Zusammenhalt in der Abteilung wurde durch die offenere Kommunikation außerhalb des Büros gefördert. An solchen Abenden geht man zunächst in eine **japanische Kneipe** ***izakaya*** (居酒屋), die neben einer großen Getränkekarte auch über eine reichhaltige Speisenauswahl verfügt. Niemand bestellt das Essen für sich alleine, sondern alle Gerichte werden in der Tischmitte platziert und jeder nimmt sich etwas auf einen kleinen Teller. Das hat den Vorteil, dass man viele unterschiedliche Dinge probieren kann. Gerichte wie Sojabohnen ***edamame*** (枝豆), Pizza (ピザ), Rettichsalat, Auberginen, Sashimi, Makrele und **gegrillte Hühnerspieße** ***yakitori*** (焼き鳥) sind sehr verbreitet.

Bei den Getränken startet man mit **Bier** ***bīru*** (ビール) vom Fass, trinkt aber erst, sobald jeder sein Glas hält und man sich zugeprostet hat. Es geht weiter mit **Sake** ***nihonshu*** (日本酒), **Wein** oder **Whisky.** Jeder erhält passende Gläser und man schenkt sich gegenseitig ein, wobei man dabei sowohl das Glas als auch die Flasche immer mit beiden Händen hält. Man vermeidet es, sich selbst einzuschenken. Die kleinen Gläser schützen ein wenig vor einem allzu großen Rausch. Allerdings hatte ich sehr aufmerksame Kollegen, die mich gerne abfüllten. Sie forderten mich immer wieder auf, mein Glas zu leeren, damit sie nachschenken konnten. Bei weiter vorgerückter Stunde gaben sie sich aber damit zufrieden, dass ich vor dem Auffüllen nur ein wenig am Glas nippte.

Daneben gibt es viele Sorten hochprozentiger japanischer Spirituosen wie **Reisschnaps *awamori*** (泡盛) aus Okinawa und **Shōchū** (焼酎), der aus allem Möglichem gebrannt ist. Shōchū wird gerne mit Softdrinks gemischt und heißt dann **Highball** bzw. **Chūhai.** Insbesondere bei billigem Shōchū ist so der Kater am nächsten Morgen schon garantiert, falls man sich zu viel Highballs zuführt. Am Ende wird die Rechnung entweder vom Chef beglichen oder durch die Anzahl der Anwesenden geteilt. Dass man für Gäste Einzelrechnungen ausstellt, ist in Japan unüblich. Auch wenn man mit Freunden ausgeht, teilt man den Rechnungsbetrag zu gleichen Teilen auf und legt seinen Anteil in bar auf den Tisch. Nach der ersten Station gehen diejenigen, die bereits genug Alkohol, einen langen Nachhauseweg oder einen wichtigen Termin am nächsten Morgen haben. Oft geht es dann im kleineren Kreis in eine weitere Bar oder zum Karaoke (S. 90), um weiter Nomunication zu betreiben. Wer den letzten Zug gegen Mitternacht verpasst, feiert bis in die frühen Morgenstunden weiter, wobei es teilweise üblich ist, die Lokalität noch einige Male zu wechseln.

#Tipp: Ein japanischer Kneipenabend ist nicht so teuer, wie Sie denken, und sollte bei Ihrem Japanurlaub nicht fehlen. Es gibt einige günstige Ketten, wo man bereits für ungefähr 3.000 ¥ pro Person das Lokal nach circa zwei Stunden satt und angeheitert verlässt. Englische Karten gibt es selten, doch sind die meisten Speisekarten reich bebildert oder es gibt ein Tablet, das sich für die direkte Bestellung eignet und sich mit etwas Glück auf Englisch umstellen lässt.
*www.gomap.de/**izky***

Naturgewalten überstehen 地震/台風

Nachdem ich länger in Japan lebte, überraschte mich ein **Erdbeben** ***jishin*** (地震) nicht mehr, ich nahm es genauso zur Kenntnis wie einen der regelmäßigen **Taifune** ***taifū*** (台風).

Mein erstes heftigeres Erdbeben erlebte ich als Student während meines Praxissemesters bei einer japanischen Firma in Saitama nordwestlich von Tokyo. Ich erschrak zu Tode, da ich mich im dritten Stock eines einfachen Fabrikgebäudes befand und plötzlich alles zu wackeln begann. Die Regale schwankten hin und her, sodass ich unter den Labortisch flüchtete. Das führte zu Gelächter unter den japanischen Kollegen, die gelassen weiterarbeiteten, als wäre nichts gewesen – ein harmloses Erdbeben, dem in den Abendnachrichten nur eine kurze Meldung gewidmet wurde.

Dass es in Japan nicht nur harmlose Erdbeben gibt, hat die Welt spätestens durch die Katastrophe am 11. März 2011 in Fukushima erfahren. Hier daher nun einige Verhaltensregeln:

Befindet man sich zum Zeitpunkt des Bebens in einem Gebäude, so sollte man dieses nicht in Panik verlassen, sondern Schutz unter einem stabilen Tisch oder Türrahmen suchen und sich dort gut festhalten. Dabei sollte man seinen Kopf z. B. mit einem Kissen schützen. Auf keinen Fall benutzt man den Fahrstuhl. In öffentlichen Gebäuden, Hotels, Restaurants und Kaufhäusern folgen Sie den Anweisungen des Personals. Befinden Sie sich bereits im Freien, sollten Sie sich schnellstmöglich einen freien Platz suchen, der möglichst entfernt von Häusern, Straßenlaternen, Bäumen und Strommasten ist, um sich so vor Verletzungen durch herabfallende Glasscherben und Gegenstände zu schützen. Falls Sie sich in Küstennähe befinden, dann rennen Sie landeinwärts auf höheres Niveau und verlassen dieses erst, wenn offiziell Entwarnung vor einem **Tsunami** gegeben wurde.

Die Flutwelle kann lange nach dem Beben auftreten, auch eine spätere zweite Welle ist möglich. Informationen werden über alle Fernsehstationen als Textmeldung eingeblendet. **Englische Informationen** erhalten Sie auf der Website des japanischen Wetteramts **JMA** oder per **Push-Nachrichten** der App »**NHK World TV**« (S. 28). Alternativ gibt es im Radio auf 76,1 MHz bei Katastrophen aktuelle Infos in mehreren Sprachen. Der **Notruf** für Krankenwagen und Feuerwehr ist **119,** für die Polizei **110.**
Neben Erdbeben und Tsunamis gibt es in den Monaten August bis Oktober mehrere Taifune, die zwar vorwiegend Südjapan betreffen, aber gelegentlich auch Tokyo mit Starkregen und heftigen Stürmen heimsuchen. Für Taifune gibt es glücklicherweise bereits mehrere Tage zuvor in den Wettermeldungen Vorhersagen über den Zeitpunkt und den Ort, wo sie auf das japanische Festland treffen. Während des Höhepunkts eines solchen Sturms sollte man sich möglichst nicht im Freien aufhalten. Vorschläge für Aktivitäten finden Sie auf der folgenden Seite. Im Hotel und in anderen stabilen Gebäuden ist man vor den Taifunen sicher. Etwas unangenehm wird es, falls man sich zum Zeitpunkt eines Taifuns in einem einfachen japanischen Holzhaus befindet, das durch den Sturm heftig durchgeschüttelt werden kann. Schließen Sie vorher Türen, Fenster und Läden.
*www.gomap.de/**ntgw***

#Tipp: Sobald ein Taifun über Tokyo hinweggezogen ist, empfehle ich den Besuch einer Aussichtsplattform. Mit etwas Glück erleben Sie dann den einzigen Sommertag im Jahr, an dem Sie den Fuji-san von Tokyo aus gut sehen können. Der starke Wind sorgt für klare Luft und Weitsicht.

Dem Regen trotzen 雨

Der **Teru teru bōzu** ist ein alter japanischer Brauch, um schönes Wetter zu bewirken. Dazu fertigt man eine kleine Puppe aus weißem Papier oder Stoff und hängt diese am Dachvorsprung auf. Aber Vorsicht, falls man die Puppe mit dem Kopf nach unten aufhängt, wird es regnen. Dieser Brauch des **Ame ame bōzu** wird gerne von Bauern verwendet, die auf **Regen** ***ame*** (雨) für ihre trockenen Felder hoffen. Wurde der Wunsch erfüllt, übergießt man die Puppe zur Belohnung mit Sake. Nicht immer werden Sie mit diesem Brauch den Wettergott gnädig stimmen. Insbesondere, wenn Sie zwischen Juni und September nach Japan reisen, wird sich der ein oder andere Regentag nicht vermeiden lassen.

Ein leichter Nieselregen lässt sich noch verschmerzen, doch sollten Sie bei einem nahen **Taifun** aufpassen, dass Sie sich nicht zur falschen Zeit draußen aufhalten. Auch kann es sein, dass oberirdische Bahnlinien dann ihren Betrieb einstellen. Zum Glück blieb ich selbst bisher davon verschont, aber einige meiner japanischen Kollegen mussten auf dem Nachhauseweg schon ganze Nächte stehend in einem überfüllten Vorortzug ausharren, der wetterbedingt auf offener Strecke stehen blieb. Ist der Taifun laut Wettervorhersage weiter weg, dann kann man sich natürlich weiterhin draußen aufhalten, doch aufgrund des Sturms keinen Regenschirm verwenden. Eine hochwertige, atmungsaktive **Regenjacke** mit Kapuze ist daher sehr hilfreich. Ihren Reiseplan in den Städten sollten Sie zur Regenzeit möglichst flexibel halten und sich auf einige Regentage einstellen. Dank der hervorragenden Infrastruktur lässt sich an einem Regentag vieles unternehmen, besuchen Sie doch einige **Museen** oder **Kunstausstellungen**.

In Tokyo kaufen Sie eine **Tageskarte** (S. 51) für die U-Bahn und machen entlang der Ginza-Linie ein Experiment: Wie weit kommt man voran, ohne den Regenschirm öffnen zu müssen? Allein schon zwischen den Stationen Shimbashi (G08) und Mitsukoshi (G12) können Sie einen ganzen Tag mit **Shopping** verbringen, denn über das weitläufige unterirdische Labyrinth der einzelnen Bahnhöfe gelangen Sie direkt in die Kaufhäuser.
Des Weiteren gibt es viele **überdachte Einkaufsstraßen,** z. B. die Shin-Nakamise Dōri in Asakusa (G19). An der Chūō-Linie befindet sich westlich von Shinjuku am Bahnhof Kōenji eine überdachte Einkaufsstraße: Die »Kōenji Pal Shopping Arcade« beginnt direkt südwestlich vom Bahnhof. Von Meguro aus erreicht man mit der Meguro-Linie den Bahnhof Musashi-Koyama, dort befinden sich eine kurze und eine lange überdachte Einkaufsstraße südlich vom Bahnhof. Ein sehr großes **Einkaufszentrum,** das sich sehr gut zum Einkaufen von Souvenirs eignet, ist direkt am Tokyo Skytree angesiedelt und heißt Solamachi; man erreicht es trockenen Fußes vom Bahnhof Oshiage.
Sie haben kein Interesse an Shopping, sondern wollen lieber selbst etwas aktiv machen? Dann gehen Sie doch zum **Karaoke** (S. 90), besuchen ein **Videospielzentrum** oder vergeuden Ihr Geld in **Spielhöllen** ***pachinko*** (パチンコ).
www.gomap.de/rain

#Tipp: Auch in anderen Städten hat man zahlreiche Möglichkeiten, an Regentagen zu shoppen. In **Kyoto** gibt es die überdachten Einkaufsstraßen Shijō, Nishiki und Teramachi. Die Shinsaibashi-Einkaufspassage in **Osaka** verläuft von Umeda bis nach Namba über eine Gesamtlänge von zwei Kilometern.

Geschenke verpacken 風呂敷

Traditionell verpackte man in der Edo-Zeit (1603–1868) Waren zum Transport und Kleidung im Badehaus mit einem **quadratischen Tuch** ***furoshiki*** (風呂敷). Im Gegensatz zum **Tenugui** aus Baumwolle (30×90 cm), ist ein Furoshiki aus Seide, Baumwolle oder heute auch aus Kunstfasern. Je nach Einsatzweck misst die Kantenlänge zwischen 45 und 100 cm, es gibt aber noch größere Tücher zum Kistentransport.
Durch die Erfindung der Plastiktüte ging die Nutzung der Furoshiki stark zurück, doch um den Umweltschutz zu fördern, wurde diese Tradition inzwischen wiederbelebt. Man benutzt sie heute wieder gerne bei der Verpackung von Bentō-Boxen (S. 88) und Geschenken oder als Tragetasche. Praktisch beim Transport eines solchen Lunchpakets im quadratischen Tuch ist, dass man so die Tischdecke für ein Picknick im Park oder das Mittagessen im Shinkansen gleich mitführt.
Zum Verschenken von japanischen Süßigkeiten verwende ich gerne Furoshiki mit einer Kantenlänge von circa 50 cm, damit kann man generell alle rechteckigen Gegenstände mit gut 20 cm Länge verpacken. Als Faustformel sollte die Diagonale des Stoffs circa die dreifache Länge des Geschenks haben. Man platziert den Gegenstand mittig und längs einer Diagonale des Stoffs und schlägt zunächst eine Ecke über die lange Seite und fixiert das Ende unter dem Geschenk. Als Nächstes legt man die gegenüberliegende Ecke möglichst faltenfrei über den Gegenstand. Die verbliebenen Stoffenden legt man sauber zusammen und verknotet sie ein oder zweimal auf dem Geschenk. Bei einfachen Stoffmustern und nicht allzu großem Anspruch an die korrekte Ausführung des Knotens war es das.

Die korrekte japanische Verpackung von Geschenken zu besonderen Anlässen ist natürlich um einiges komplizierter. Unterschiedliche Falttechniken und Knoten haben eine bestimmte Bedeutung. So wird z. B. bei förmlichen Anlässen der Knoten mit einer Stoffecke verhüllt. Bei ernsten Angelegenheiten wird sogar komplett auf den Knoten verzichtet, stattdessen faltet man den Stoff lediglich flach übereinander. Falls Kuverts für Geldgeschenke mit einem kleinen Furoshiki aus Seide verhüllt werden, sind die gewählten Farben bei Hochzeiten und Beerdigungen natürlich unterschiedlich. Aber solange Sie nur zu Hause ein paar Reisemitbringsel verteilen wollen, brauchen Sie sich um solche Details nicht zu kümmern.
Falls Sie es nicht erwarten können, mehr über die Falttechniken der Furoshiki zu lernen, finden Sie im Buchhandel eine Reihe von deutschen und englischen Büchern mit zahlreichen bebilderten Anleitungen. Mein Lieblingsbuch »The Furoshiki – A Comprehensive Guide« hat die Japan Furoshiki Association herausgegeben. Das 48-seitige Heftchen kaufte ich für 302¥ an der Touristeninformation im Untergeschoss des Kyōbashi Edogrand (Ausgang 1, Bahnhof Kyōbashi) in Tokyo. Bei uns ist es leider nicht erhältlich.
*www.gomap.de/**frsh***

#Tipp: Wählen Sie für Freunde und Familie Furoshiki mit individuellen Mustern und Farben und verpacken damit Ihre Mitbringsel. Diese wertige Verpackung gibt den Geschenken aus Japan zudem eine authentische Note.

Ins Love Hotel gehen ラブホテル

In bestimmten Tokyoter Stadtteilen wie am Dōgenzaka-Hügel in **Shibuya,** Kabukichō in **Shinjuku** oder **Uguisudani** beim Bahnhof werden Ihnen eine Vielzahl Hotels mit reich verzierten Außenfassaden auffallen. Manche haben europäische Namen und heißen St. Moritz, Villa Giulia oder Hotel Stellato. Unverwechselbar sind diese **Love Hotels** genannten Stundenhotels an den angebrachten Preisschildern für Kurzaufenthalte »**Rest**« und Übernachtungen »**Stay**«. Statt Love Hotel findet man auch Bezeichnungen wie **Amuse, Couple** oder **Fashion Hotel.** Entgegen den sonst eher kleinen japanischen Hotelzimmern sind die Räume dort großzügig gehalten. Ein **Flachbildschirm** mit einer breiten Auswahl an Filmen gehört zur Standardausstattung, bei den etwas besseren Love Hotels zudem eine riesige Badewanne mit **Whirlpoolfunktion.** Bei Love Hotels ist europäisches Design beliebt – vermutlich, weil es bei vielen japanischen Ehepaaren sentimentale Erinnerungen an die Hochzeitsreise weckt. Neben Europa sind auch Bali und Hawaii beliebte Reiseziele für die Flitterwochen, auch diese Klientel wird mit entsprechend ausgestatteten Hotels beglückt. Tatsächlich werden die Stundenhotels hauptsächlich von Ehepaaren genutzt, denn in den eigenen vier Wänden gibt es meistens nicht die notwendige Privatsphäre. Ein Zimmer kann jedes Paar ohne Vorlegen der Heiratsurkunde buchen, und so wird manch Vater nervös, wenn die Tochter mit ihrem Freund das erste Mal nach Shibuya zum Shoppen geht. **Diskretion** wird übrigens großgeschrieben in Love Hotels. Beim Check-in wählt man zunächst ein freies Zimmer, manchmal gibt es dafür eine Anzeige mit Bildern der verfügbaren Zimmer. Bezahlt wird entweder ganz unpersönlich am Automaten oder an einem Schalter, wobei man oft nur die Hände der Person durch einen kleinen Schlitz sehen kann.

Reist man mit dem Auto an, wird als besonderer Service das Nummernschild mit einem Überzug versehen. Das ist insbesondere in ländlichen Gebieten sehr wichtig, denn nichts wäre einem japanischen Paar wohl peinlicher, als wenn die lieben Nachbarn das Auto auf dem Parkplatz erkennen würden. Wahrscheinlich deshalb auch die Einheitsfarben bei Autos.
Die Tarifsysteme der Love Hotels sind recht unterschiedlich, doch beginnen die **Preise** für einen Aufenthalt von zwei oder drei Stunden bei circa 3.000¥. Wer bis zum Morgen bleiben möchte, zahlt mindestens den doppelten bis dreifachen Preis. Achtung: Sobald man den Raum verlassen hat, kann man meistens nicht wieder zurück. Etwa 15 Minuten bevor die gebuchte Zeit abgelaufen ist, kommt eventuell ein Anruf auf das Zimmer und erinnert einen daran, pünktlich auszuchecken. Man sagt dann *»Hai, wakarimashita«* und legt wieder auf. Falls man länger bleibt als gebucht, muss man nachzahlen.
Manche Hotels versuchen, ihr Schmuddel-Image loszuwerden, und richten sich über internationale Buchungsportale auch an Touristen als Übernachtungsgäste. Die Preise bewegen sich im Bereich von Business-Hotels, bedenken Sie aber, dass vermehrt mit hörbaren Aktivitäten in Nachbarzimmern zu rechnen ist.

#Tipp: Falls Sie gemeinsam mit dem Partner reisen und vielleicht aus Budgetgründen in einem Kapselhotel oder in der Jugendherberge übernachten, dann mieten Sie sich für gewisse Stunden ein Zimmer in einem günstigen Love Hotel. Vermeiden Sie aber Wochenenden und den frühen Abend; nach 22 Uhr ist es manchmal etwas günstiger. Auf der Website **Loveinn Japan** können Sie sich vor einer Buchung Bilder der Räume ansehen.
*www.gomap.de/**lvht***

Zu sich selbst finden 座禅/武道/茶道

Wer sich mehr mit dem Buddhismus in Japan beschäftigt, wird schnell auf den **Zen-Buddhismus** stoßen, der im Westen vor allem durch die **Sitzmeditation *Zazen*** (座禅) bekannt ist. Meine erste Begegnung machte ich vor Jahren mit der **Sōtō-Schule**, die besonderen Wert auf die Meditation legt und die größte Gemeinschaft des Zen-Buddhismus in Japan ist.
Um Zazen kennenzulernen, besuchte ich an einem Montagabend den **Tempel Chōkokuji** in Roppongi. Die Einweisung und das Training wurden auf Japanisch durchgeführt, es gab lediglich ein englisches Faltblatt, das der Muttertempel **Eiheiji** in der Präfektur Fukui herausgebracht hat. Da es sich um einen strengen buddhistischen Tempel handelt, wählte ich beim Besuch eine dunkelgraue Hose, schwarze Socken und ein einfarbiges blaues Hemd. Trotzdem wurde ich am Ende des Trainings darum gebeten, bei meinem nächsten Besuch doch bitte etwas gesetztere Farben anzuziehen. Wahrscheinlich war mein Hemd noch zu hell, tragen Sie dort also besser dunkelgraue oder schwarze Kleidung. Wer einen nicht ganz so strengen Tempel bevorzugt, bei dem man auch ohne Japanisch und vorherige Anmeldung teilnehmen kann, der sollte zum **Tempel Engaku-ji** in Kamakura gehen. Jeden Samstag außer im August finden ab 13 Uhr Einführungsveranstaltungen im Gebäude Kojirin statt. Der Tempel liegt beim Bahnhof Kita-Kamakura. Die Kleidervorschriften sind hier nicht ganz so streng wie beim Chōkokuji, es wird sogar ein Trainingsanzug empfohlen. Generell sollte man für Zazen-Übungen keine eng anliegende Kleidung tragen, im Sommer keine knappen Shorts und im Winter keine dicken Pullis. Gürtel, Krawatte und Uhr müssen zur Zen-Meditation abgelegt werden. Eine genaue Ablaufbeschreibung erspare ich mir hier, denn dafür besuchen Sie ja eine Einführungsveranstaltung.

Sollte Ihnen Zazen nicht liegen, gibt es in der japanischen Kultur weitere Möglichkeiten, zu sich selbst zu finden.
Wenn Sie sportlich veranlagt sind, gehen Sie den **Weg des Kriegers *budō*** (武道). Eines haben die modernen japanischen **Kampfkünste** wie Aikidō, Iaidō, Jōdō, Jūdō oder Kendō gemeinsam: An erster Stelle steht nicht, andere zu besiegen, sondern durch ständiges Training und Streben nach Perfektion, sich selbst zu überwinden. Diese Philosophie basiert auf dem Zen-Buddhismus und den Tugenden der **Samurai.** Die alten, traditionellen Samurai-Kampfkünste heißen **Koryū-Bujutsu** und werden unverändert seit Generationen weitergegeben. Sogar in Europa gibt es **Trainingsorte *dōjō*,** wo man sie lehrt. Im Chiba-Dōjō lehrt man z. B. die **Schule *ryūha*** der Hokushin Ittō-Ryū Hyōhō. Das Besondere dieser Schule ist, dass sich der Hauptsitz seit 2016 nicht mehr in Japan, sondern unter der Führung von Ōtsuka Ryūnosuke Masatomo in München befindet. Er ist geborener Deutscher, 7. Sōke und nahm als Schüler und Ziehsohn des 6. Sōke Ōtsuka Yōichirō Masanori einen japanischen Namen an.
Auch der ritualisierte **Weg der Teezeremonie *sadō*** (茶道) wird seit Begründung durch Sen no Rikyū (1522–91) unter anderem in den von seinen drei Söhnen gegründeten Schulen Mushakōji-, Omote- und Ura-senke nach dem Sōke-System bis in die heutige Zeit weitergegeben. Falls sich während Ihrer Reise die Gelegenheit bietet, an einer Teezeremonie teilzunehmen, sollten Sie diese nutzen.
*www.gomap.de/**zbds***

#Tipp: In vielen deutschen Städten gibt es regelmäßig Vorführungen der Teeweg-Schulen **Ueda Sōko** und **Urasenke.** Nehmen Sie daran teil und bereiten sich damit auf Japan vor.

Ikigai suchen 生き甲斐

Als neuer Trend schwappt **Ikigai** in die westlichen Bestsellerlisten und verspricht, das Geheimnis zu lüften, warum viele Japaner so alt werden. Bei der Suche nach seinem persönlichen Ikigai geht es darum, seine **Passion** zu finden. Ähnliches ist bei uns bereits bekannt unter dem Begriff der **Berufung** oder **Selbstverwirklichung.** Der Begriff Ikigai setzt sich aus den beiden Wörtern Leben ***iki*** und Wert ***kai*** zusammen und kann daher auch mit **Lebenssinn** übersetzt werden bzw. freier mit »etwas, für das man am Morgen aufsteht«.
Idealerweise ist dieses Ikigai eine Tätigkeit, die einem nicht nur Freude macht, sondern die man perfekt beherrscht, die dem Allgemeinwohl dient und idealerweise so viel Geld einbringt, dass man gut davon leben kann. Hat man dieses Ikigai gefunden, dann stellten sich Lebensfreude und Zufriedenheit ein, was letztendlich der Schlüssel dafür ist, ein hohes Alter zu erreichen und dabei körperlich und geistig gesund zu bleiben. Ein berühmtes Beispiel ist Dr. Shigeaki Hinohara, der bis wenige Monate vor seinem Tod als Arzt arbeitete. Nach seiner Überzeugung geht es im Leben darum, einen Beitrag zur Gemeinschaft zu leisten. Der Drang, anderen Menschen zu helfen, veranlasste ihn, immer früh aufzustehen. Um sich langfristige Ziele zu setzen, legte er immer Kalender für die nächsten fünf Jahre an. So wollte er z. B. unbedingt die Olympischen Spiele 2020 in Tokyo miterleben. Im Juli 2017 verstarb er im Alter von 105 Jahren.

Von den typischen japanischen Büroangestellten ***salarymen*** wird sicherlich nicht jeder seiner Berufung nachgehen, sondern seinen Job hauptsächlich für den Broterwerb ausüben. Das Ikigai kann daher durchaus auch rein im privaten Bereich liegen und als Ausgleich zum stressigen Büroalltag mit vielen Überstunden dienen. Das kann z. B. ein Hobby sein, indem man an Wochenenden regelmäßig in die Berge wandern geht, eine Kampfkunst ausübt, ein Musikinstrument spielt, ambitioniert fotografiert, regelmäßig Blumen arrangiert (Ikebana), Bonsai gestaltet oder Bilder malt. Genauso kann es aber auch das eigene Ikigai sein, sich in der Familie oder ehrenamtlich zu engagieren.

#Tipp: Eine der Haupterkenntnisse beim Ikigai ist es, die Erwartungen daran nicht zu hoch zu setzen. Sie müssen nicht zwangsläufig Ihr ganzes Leben ändern, Ihren Job kündigen, um Ihrem vermeintlichen Traum nachzugehen. Es reicht oft schon, wenn man sich seinen täglichen Aufgaben mit Konzentration widmet und diese ohne Hast gewissenhaft ausführt. Freuen Sie sich täglich an den vielen kleinen Dingen des Lebens, helfen Sie anderen und seien Sie dankbar, wenn Sie von anderen unterstützt werden. Generell geht man in Japan wesentlich harmonischer miteinander um als in Deutschland. Das hat einen positiven Effekt auf die Mitarbeitermotivation und das Teamgefühl, wodurch mehr Menschen als bei uns in der Arbeit ihre Erfüllung finden.

Ichi-go Ichi-e verinnerlichen 一期一会

Für mich persönlich waren die Erkenntnisse zur Philosophie des **Ichi-go Ichi-e** ein sehr erleuchtender Moment in meiner Beschäftigung mit der japanischen Lebensart. Um zu dieser Erkenntnis zu gelangen, sollten viele Jahre vergehen. Um Ihnen diesen langen Weg zu ersparen, berichte ich hier von meinen Erlebnissen sowie den Hintergründen zu dieser **Philosophie.**

Vom Begriff des Ichi-go Ichi-e erfuhr ich zum ersten Mal bei einer **Teeverköstigung.** In kleinem Kreis wurde sehr hochwertiger japanischer Tee zubereitet und probiert. Es entwickelte sich eine sehr angenehme Unterhaltung über die Erfahrungen mit Tee und Japan. Ich lernte viel über Tee, den Anbau und die Arten, wie man in Japan den Tee genießt. Die **Teemeisterin** war aber genauso begeistert, über meine bisherigen Erfahrungen zu hören, sodass es kein Vortrag war, sondern sich ein sehr anregendes Gespräch zwischen den Teilnehmern entwickelte. Die Zeit verging wie im Flug, und ohne es zu merken, waren zwei Stunden vergangen, obwohl die Veranstaltung nur für eine Stunde angesetzt war. Am Ende sagte die Teemeisterin, dass der gemeinsame Teegenuss ein sehr schönes Ichi-go Ichi-e war. Tatsächlich hat das Konzept seinen Ursprung in der Teezeremonie und wird auf den Teemeister Sen no Rikyū (S. 123) zurückgeführt. Direkt übersetzt heißt Ichi-go Ichi-e »ein Moment, eine Begegnung«, bedeutet aber eher ein **einmaliger Moment der Begegnung.**

Meine zweite Begegnung war in einem gehobenen Kaiseki-Restaurant in Berlin, welches das Prinzip des Ichi-go Ichi-e zu seiner Philosophie erkoren hat. Wie bei einer japanischen

Teezeremonie wurden bei diesem Restaurant sehr viele Gedanken und Mühe für die Gestaltung der Räumlichkeiten sowie die Auswahl und Zubereitung des exquisiten Essens aufgewendet. Durch die gegenseitige Wertschätzung und den herzlichen Umgang in einer gemütlichen Atmosphäre ist sichergestellt, dass sich Gast und Gastgeber wohlfühlen. Gleichzeitig für alle bereitete der Koch jeden Gang vor den Augen der Gäste zu und reichte dann das Essen jedem persönlich über den Tresen. Dadurch verschwand die sonst in einem Restaurant übliche Barriere zwischen Koch und Gast, die durch Servicepersonal und eine andere Räumlichkeit entsteht. Ich vergaß meine Sorgen und konzentrierte mich nur auf die einzigartige Atmosphäre und den Genuss des Essens.

#Tipp: Verinnerlichen Sie die folgenden Grundgedanken in Ihrem Leben und genießen fortan jeden Augenblick im Hier und Jetzt. Wertschätzen Sie jede Begegnung als etwas wirklich Einmaliges im Leben, denn viele Begegnungen werden sich tatsächlich nicht wiederholen.
Selbst wenn Sie dieselbe Personengruppe zum selben Zweck und am selben Ort in der Zukunft wieder treffen, können Sie niemals dieselbe Atmosphäre wie bei Ihrem ersten Treffen wiederholen. Jede Interaktion während Ihrer Reise in Japan ist ein einmaliger Moment in Ihrem Leben – genießen Sie ihn!

Stempel bestellen 判子

Herzlichen Glückwunsch, Sie sind jetzt fast ein Japaner! Was Ihnen noch fehlt, ist ein eigener **Stempel *hanko*** (判子). Bei Japanern zählt nicht die Unterschrift, sondern nur ein registrierter Holzstempel, den man etwa für Verträge, Formulare und auf Banküberweisungen einsetzt. Während meiner Zeit in Japan hatte ich keinen und quetschte stets bei Überweisungen meine Unterschrift in den kleinen für Stempel vorgesehenen Kreis. Das gab Ärger, weil diese oft nicht hundertprozentig mit der Unterschrift bei der Kontoeröffnung übereinstimmte.
Einen einfachen Nachnamen-Stempel aus Gummi nutzte ich in der Firma, damit ich auf Übersetzungen von Datenblättern meinen Namen zur Freigabe aufdrücken konnte. Mein Vorschlag für eine schöne Erinnerung an Ihre Japanreise ist, sich einen solchen Stempel machen zu lassen.

#Tipp: In der **Yanaka Ginza** in Tokyo gibt es den Laden **Shinimonogurui**, der für 2.600¥ einen Gummistempel mit Ihrem Namen und einem lustigen Bildchen macht. Die Angestellten sprechen kein Englisch, sind aber beim Ausfüllen des Bestellformulars behilflich. Die Auswahl von Bild, Schriftsatz und Stempelfarbe gelingt durch Zeigen an der Wand. Für die korrekte Übersetzung Ihres Vor- oder Nachnamens – für beides reicht der Platz nicht – in die Lautschrift Katakana schreiben Sie den Namen in Großbuchstaben auf den Zettel und wiederholen ihn mündlich mehrmals, bis die Dame hinter dem Tresen zufrieden ist. Nach circa 30 Minuten können Sie Ihren Stempel abholen.
*www.gomap.de/**hnko***

Ende – 終わり

Register

Hinweise

Um Ihnen zu helfen, unbekannte Wörter korrekt auszusprechen, verwende ich im Buch die Kunrei-Umschrift, wie sie auch japanische Schüler erlernen. Lang gesprochene Vokale werden dabei mit einem Überstrich gekennzeichnet. Werden Sie trotzdem nicht verstanden, deuten Sie zusätzlich auf das abgedruckte Schriftzeichen (»Point and Speak«).
Die Preise entsprechen dem Stand von Anfang 2019 und beinhalten die Mehrwertsteuer von 8%, die im Oktober 2019 auf 10% erhöht wird. Die im Buch enthaltenen Angaben und Tipps habe ich nach bestem Wissen zusammengetragen und sorgfältig überprüft, dennoch übernehme ich keine Haftung für Fehler.
Durch **Kurzlinks** der Form »*www.gomap.de/**xxxx***« stelle ich sicher, dass gedruckte Internetadressen nicht veralten und Ihnen immer aktuelle Informationen und zusätzliche Updates zur Verfügung stehen. Um sich beim Tippen Aufwand zu sparen, speichern Sie »*www.gomap.de*« in den Browserfavoriten Ihres Computers oder Mobiltelefons ab. Dann brauchen sie unter dieser Adresse nur noch die vier fettgedruckten Kleinbuchstaben einzutippen, zum Beispiel »***book***« für Infos zu meinen **Büchern** oder »***updt***« für **aktuelle Updates** und eine Übersicht meiner **Social-Media-Kanäle** und **Blogs**.

★★★★★ Hat Ihnen dieses Buch gefallen?
Es würde mir sehr helfen, wenn Sie eine kurze Rezension bei Amazon hinterlassen. Vielen Dank! Genauso freue ich mich auf Rückmeldungen per E-Mail: *japan@axelschwab.de*